LOS SERES DE LUZ

Bernard Baudouin

LOS SERES DE LUZ

Encuentro
con los mensajeros espirituales

A pesar de haber puesto el máximo cuidado en la redacción de esta obra, el autor o el editor no pueden en modo alguno responsabilizarse por las informaciones (fórmulas, recetas, técnicas, etc.) vertidas en el texto. Se aconseja, en el caso de problemas específicos —a menudo únicos— de cada lector en particular, que se consulte con una persona cualificada para obtener las informaciones más completas, más exactas y lo más actualizadas posible. EDITORIAL DE VECCHI, S. A. U.

© Editorial De Vecchi, S. A. 2018
© [2018] Confidential Concepts International Ltd., Ireland
Subsidiary company of Confidential Concepts Inc, USA
ISBN: 978-1-64461-066-4

El Código Penal vigente dispone: «Será castigado con la pena de prisión de seis meses a dos años o de multa de seis a veinticuatro meses quien, con ánimo de lucro y en perjuicio de tercero, reproduzca, plagie, distribuya o comunique públicamente, en todo o en parte, una obra literaria, artística o científica, o su transformación, interpretación o ejecución artística fijada en cualquier tipo de soporte o comunicada a través de cualquier medio, sin la autorización de los titulares de los correspondientes derechos de propiedad intelectual o de sus cesionarios. La misma pena se impondrá a quien intencionadamente importe, exporte o almacene ejemplares de dichas obras o producciones o ejecuciones sin la referida autorización». (Artículo 270)

Índice

INTRODUCCIÓN.	9

Primera parte
DEFINICIÓN DE LA LUZ Y LOS SERES DE LUZ   11

¿QUÉ ES LA LUZ?	13
La luz que ilumina	14
La luz que deslumbra	15
La luz que desvela y revela	16
Otra dimensión de la luz	16
¿QUIÉNES SON LOS SERES DE LUZ?	19
Unos mensajeros muy especiales	20
Las entidades.	20
Los guías espirituales.	21
Los espíritus	27
La verdadera esencia de los Seres de Luz	28
La naturaleza de los Seres de Luz	28
Su misión	29
Los medios de los que disponen	31
EL CONTACTO CON LOS SERES DE LUZ	35
El *canal*, intermediario indispensable con los Seres de Luz	36

Beneficios y riesgos del *channeling* 40
   Una luminosa evidencia 41
   Una prudencia indispensable 41

Segunda parte
LA ENSEÑANZA 45

QUÉ NOS ENSEÑAN LOS SERES DE LUZ 48
Otra dimensión de la vida humana. 49
   El objetivo de la encarnación:
      devolver la materia a la luz 50
La verdadera naturaleza del hombre. 51
   La vida 52
   La energía 54
   Campos de energía y cuerpos de luz. 55
   La materia. 56
   El movimiento 58
   Interior y exterior 59
   El tiempo 60
   El equilibrio entre los distintos reinos. 60
   La muerte 61
   La vida fuera del cuerpo 66
   Las vidas sucesivas 71
La ilusión de una realidad exterior. 72

LAS CONDICIONES DE LA EVOLUCIÓN HUMANA 75
El cuerpo de Luz 76
Ser un ser de Luz 78
La opción de la Luz 79
Vivir la Luz 80
El camino de la Luz 82
Una dinámica de evolución personal 83

La otra cara de la evolución   85
Un solo objetivo: la transformación interior   85

Tercera parte
EL MITO DEL FUTURO.   87

UN MUNDO EN MUTACIÓN   90
Un mundo de apariencias.   91
El fin de una civilización   92
Una era de purificación   94
   Otra mirada al mundo.   95
   Volver a centrarse en el hombre.   95

EL FUTURO DEL HOMBRE   97
La apertura a la espiritualidad.   98
Todos somos Seres de Luz   99
¿Cuál es el futuro de la humanidad?   101
Acabar con el mito del futuro   104

ANEXOS   107

CONCLUSIÓN   109

BIBLIOGRAFÍA.   111

Introducción

Mi primer «encuentro» con los Seres de Luz se remonta al 30 de septiembre de 1981.
En aquel momento todavía no sabía que la búsqueda que acaba de desembocar en este fascinante cara a cara cambiaría el curso de mi vida.
Es imposible no recordar mi mano dubitativa, que, sin embargo, pronto se animó sobre una hoja de papel; aquel bolígrafo que escribía palabras que yo no le ordenaba, palabras que no eran mías, pero que finalmente sellaron unas frases que resultaron llenas de sentido.
Lo que vi en aquel encuentro fue, más que una *luz,* una presencia que se imponía en aquel contacto completamente nuevo para mí. Una presencia que se insinuaba en cada palabra, que daba un sentido sorprendentemente nítido a cada una de las frases y una aureola de turbadora evidencia al conjunto.
Naturalmente, hasta entonces había oído hablar, como todo el mundo, de los espíritus, de los ángeles de la guarda, de los guías espirituales, pero sólo en algunas lecturas o en ciertas conversaciones. Ni por un solo instante había imaginado que aquello pudiese convertirse para mí en una realidad.
Aquel 30 de septiembre de 1981, todo cambió. En unos minutos quedó claro que desde aquel momento ya nada se-

guiría siendo igual. Simplemente porque acababa de acercarme a un «Ser de Luz».

Durante los tres años siguientes, las comunicaciones se produjeron con regularidad, casi siempre semanalmente, y generaron un flujo de textos que definían los contornos de «otra realidad». No tuve uno sino varios interlocutores, cada uno de ellos con la voluntad de conservar el vínculo que me unía con el mundo de la Luz.

Al cabo de diez años, narré esas vivencias en una obra titulada *Curso de escritura automática*. En ella describí escrupulosamente las etapas de esta aventura formidable con textos que, décadas más tarde, todavía tienen un valor y una profundidad sorprendentes.

Lo que no sabía aún es que mi contacto con los Seres de Luz no iba a reducirse tan sólo a una sencilla forma «de redacción» y que, de hecho, este primer contacto anunciaba otro, mucho más fuerte y cargado de sentido, en el que se instaurarían contactos directos con las «entidades» de los mundos paralelos.

Actualmente, habiendo alcanzado ya un cierto nivel en nuestras relaciones, no se trata simplemente de mantener un vínculo, sino de transmitir una enseñanza, resaltando con abundantes detalles y precisiones la estrecha unión que hay entre el mundo de los humanos y estas otras dimensiones habitadas por los Seres de Luz.

Ahora bien, se dice que lo que nos es dado no adquiere todo su valor hasta que no es transmitido a otros. Por eso, este libro ve la luz precisamente por este motivo, porque pretende ser el enlace fiel de una iniciación destinada a iluminar la trayectoria de cada uno con la claridad nutritiva de la verdadera Luz.

PRIMERA PARTE

DEFINICIÓN DE LA LUZ Y LOS SERES DE LUZ

¿Qué es la luz?

Existen mil y una maneras distintas de definir todo aquello que nos rodea.

Cada cosa, cada objeto, cada forma de vida, cada sensación, cada sentimiento puede ser delimitado, destacado, detallado de muchas formas diferentes, hasta el punto de que a veces resulta difícil elegir una o seleccionar una presentación en lugar de otra.

La luz no escapa a esta norma. Y menos todavía si aceptamos que hay luz y «Luz». En este caso, la claridad del día o la que emite una bombilla eléctrica tienen una relación muy distante con la otra luz, la que concierne a los *Seres de Luz*.

Una realidad se puede definir describiendo con precisión su forma y sus funciones, o bien haciendo un listado de lo que no es, de lo que no puede realizar. Esto es posible, especialmente, cuando no se trata de una cosa material.

Los antiguos chinos tenían por costumbre definir un bol no por su forma, sino por lo que podía contener. También se estimaba la distancia que había de una ciudad a otra por el número de días que había que caminar para recorrerla, y las unidades de longitud más habituales guardaban relación con la anatomía humana (el pie, el palmo, etc.). En cuanto a las capacidades y habilidades de las personas, se encontraba una analogía en el reino animal (astuto como un zorro, fuerte como un oso, vivo como un lince, poderoso como un león).

Generalmente, más allá de la definición puramente científica que explica con precisión en qué consiste el fenómeno físico, el término «luz» está asociado prioritariamente a los conceptos *claridad* y *resplandor* y, por extensión, *visibilidad*. Dicho de otro modo, la luz ilumina y permite ver.

Otra definición de luz consiste en acotar su amplitud diferenciándola de lo que se le opone. En efecto, la sombra, la oscuridad, más o menos intensa, es también lo que da el valor a la luz. El día (iluminado) sólo tiene sentido porque está la noche; lo que está iluminado no tiene un valor real si no es en relación con lo que no lo está. De igual modo, entre las personas, lo que se es no tiene verdadera importancia si no es en función de todo lo que no se es.

Dicha oposición «luz/oscuridad» está en el núcleo mismo de la comprensión que se puede tener de la luz, tanto en el primer grado, el más inmediato, como en los niveles superiores en los que esta oposición adquiere una dimensión diferente. Porque es evidente que la luz propia de los Seres de Luz es de otra naturaleza que la que aparece cada mañana cuando sale el sol.

La luz que ilumina

La luz, en su primera aportación, es una de las bases del mundo material: sin ella no existiría el día y no se produciría la fotosíntesis a través de las hojas de los árboles y, en consecuencia, no habría oxígeno. La vida evolucionada desaparecería de la Tierra.

La luz cumple una función básica que, además de crear las condiciones para que la vida se desarrolle, consiste en «iluminar» lo que nos rodea, permitiéndonos no sólo ver, sino también aprehender nuestro entorno, apreciar, comparar, valorar, emitir juicios, elegir, etc.

A este nivel, la luz representa el triunfo de lo visible sobre lo invisible y también sobre los terrores nocturnos que nos recuerdan nuestros miedos infantiles. Porque cuando no se ve, uno está forzosamente en la incertidumbre, en la duda.

Esto significa que, de forma material y en un primer nivel, al hacerse la luz sobre lo que es inmediatamente accesible a nuestros sentidos, al mostrarnos las cosas, esta nos guía en la trayectoria cotidiana de nuestra vida. Lógicamente, la luz también nos permite ser vistos, reconocidos por todos aquellos con quienes nos encontramos.

La luz que deslumbra

La luz, generadora de claridad, puede ser tenue y límpida, filtrada o difuminada, pero también puede ser deslumbrante.

De repente, a veces, no es enriquecedora ni apaciguadora, sino invasora, violenta e incluso agresiva. Al margen de todos los matices, la luz se impone, desestabiliza y, en definitiva, se vuelve dolorosa.

De repente no es más que la luz primera e inicial, primitiva, que golpea los sentidos, quema los ojos y suscita la inquietud y el miedo. La luz que deslumbra deja de ser cómplice y tranquilizadora para convertirse en tiránica.

Con el deslumbramiento, la iluminación es sustituida por la ceguera que de pronto imposibilita la visión. Así, llevada hasta el paroxismo, la luz, más que servir, perjudica. Sigue siendo productiva para el medio pero no para el individuo, ya que este último ve cómo los aspectos positivos de luz se tornan negativos —luminosidad insoportable, visión reducida, etc.— hasta provocarle una intolerancia total que le hace preferir la oscuridad a esta luz cegadora.

En este caso, el hombre se queda ciego, pero no por insuficiencia biológica sino por exceso de luz.

La luz que desvela y revela

Más allá del «bien» y del «mal» que puede causar la luz, hay otro aspecto de esta que en un nivel superior le confiere una dimensión a menudo insospechada: su acción eminentemente reveladora.

En efecto, más allá de sus funciones iniciales de *iluminación* e *instauración de la vida*, la luz levanta el velo de la oscuridad: «desvela».

En aquello que la luz expone y nos muestra, se convierte en catalizadora de una cierta revelación. Cuando la luz revela, nos *enseña* a través de su acción; es, efectivamente, «instructiva». La luz no sirve, pues, solamente para ver, es también un instrumento de conocimiento.

Simbólicamente, desde esa premisa la oscuridad equivale al *no-conocimiento,* a la ausencia de saber, mientras que la luz es portadora de erudición y experiencias nuevas.

Cuando la luz desvela y revela, superando el estancamiento y la coacción de la oscuridad, la luz alimenta una consciencia que no está fijada, sino que está en formación, marcada con el sello de la apertura y la voluntad de crecer.

Se trata nada menos que de otra dimensión de la luz, en la que la iluminación del individuo no tiene lugar sólo en su exterior, sino también en su interior, en su ser más íntimo.

Otra dimensión de la luz

El aspecto de la luz que aquí nos interesa nos concierne a cada uno de nosotros, no únicamente desde el punto de vista exterior y material, sino en la totalidad de nuestro ser, desde cada centímetro de nuestra piel hasta todas nuestras funciones biológicas, sin olvidar nuestra capacidad de pensamiento y nuestros actos cotidianos.

En este estadio, la luz es generadora de claridad, de revelación a todos los niveles. Lejos de resumirse en los rayos procedentes del sol, la luz insufla la vida en todos los ámbitos de nuestra existencia. A fin de perpetuar la vida, la luz está presente en lo más profundo de nosotros mismos, convirtiéndose en fuente de vida, conocimiento y saber.

Por esta razón damos a quienes contribuyen a transmitirla el nombre de *Seres de Luz*. Son aquellos que desvelan, revelan, transmiten el saber y el conocimiento del conjunto de los fenómenos ligados a la condición del ser humano.

Más que un simple fenómeno físico, la luz es, entendida en su acepción más amplia, el medio que nos abre el camino hacia *otros* saberes, hacia lo que denominamos *planos de consciencia superiores*.

La luz da una dimensión amplificada a nuestra vida diaria, nos revela aspectos ocultos hasta su llegada por el simple hecho de que nosotros nos interesamos sólo por el primer grado. De esta manera la luz nos permite seguir viendo el exterior —como ocurría hasta entonces— pero, además, también nos revela, a partir de su llegada, el resto, los otros parámetros fundamentales (invisibles incluso en pleno día) que, más allá de lo inmediatamente perceptible, rigen nuestra trayectoria, nuestros pensamientos y nuestro comportamiento en la vida cotidiana.

De pronto queda iluminada toda una parte oculta de nosotros mismos, de la realidad de nuestra existencia, y no sólo por la luz del día naciente, sino por un proceso que los Seres de Luz nos van a revelar poco a poco.

Esta «otra» luz no irradia en la superficie de las cosas y de nosotros, sino en la profundidad, y nos afecta y nos interpela en nuestras fibras más íntimas, en el corazón mismo de nuestra identidad más profunda. Porque es allí, no lo dudemos, donde todo se decide, donde nuestros pensamientos alzan el vuelo, donde nuestros actos se hacen realidad. Es esa parte de nosotros mismos, donde ninguna persona entrará nunca, a la que algunos consideran, más allá de las apariencias, de los roles sociales y otros comportamientos coyunturales, el núcleo de nuestro ser verdadero.

Esta luz no se refiere solamente a los rayos del sol, sino a los múltiples rayos de un conocimiento infinito, de un saber sin límites que los Seres de Luz se esforzarán por hacer que sea perceptible en sus más mínimos arcanos.

Una luz que puede ser difundida en todo lugar y en todo momento, de día y de noche, y que ella sola contiene más informaciones que todos los otros transmisores del conocimiento reunidos.

Es eso lo que le sirve para ser elevada al rango de ser la única «Luz»; la instigadora y reveladora de las causas y los efectos en numerosos ámbitos y, en definitiva, accesible a todos aquellos que sean iniciados por los Seres de Luz.

Bienvenidos al universo de la plena Luz…

¿Quiénes son los Seres de Luz?

Esta «otra luz» a la que nos hemos referido anteriormente, relativa a los planos de consciencia superiores, no es inmediatamente accesible al común de los mortales, salvo a aquellos que, implicándose en un arduo proceso espiritual, se esfuerzan por seguir una larga y paciente iniciación. Por esto sólo podemos acercarnos a ella a través de entidades que están dedicadas especialmente a esta tarea —o, mejor dicho, a esta *misión*— y que nos servirán de enlace. Estas entidades son los Seres de Luz.

Por tanto, la cuestión que se plantea es saber quiénes son estos seres, tan diferentes de nosotros en sus aptitudes fundamentales, que tienen la suprema capacidad de acceder directamente a esta Luz que rige y alimenta todas las cosas.

Por definición, el Ser de Luz es a la vez el portador de la Luz y el dispensador. Es al mismo tiempo lo que se podría designar como un «condensado» de Luz y un difusor de esta misma fuente de energía total. Por esta razón, se presenta de un modo natural como eminentemente iniciático en todo lo que se propone y genera, en lo que lleva a la práctica y transmite a los simples humanos que tiene a su cargo.

De hecho, no se puede entender el papel de los Seres de Luz sin tener consciencia de que tienen realmente el «encargo» de mostrar el camino de lo esencial a aquellas y aquellos que les han sido designados como potencialmente capaces de acceder a este tipo de conocimiento.

Sin embargo, antes de llegar a esta comprensión es necesario definir en qué podemos considerar que quienes van a afirmarse como guías valiosos son realmente unos «seres», a pesar de no estar atados físicamente a la materia como lo estamos nosotros día tras día a lo largo de nuestra existencia humana.

Unos mensajeros muy especiales

Lo primero que debemos entender, en nuestra aproximación a los Seres de Luz, es el hecho de que pueden moverse en nuestra dimensión —la tan citada «tercera dimensión»—, pero que también pueden hacerlo en otras dimensiones (superiores) a las que los humanos no tienen acceso directo.

Es precisamente por no tener una relación con la materia idéntica a la nuestra, sino, al contrario, por tener una densidad vibratoria que les da acceso a diferentes planos de consciencia, por lo que los Seres de Luz ejercen el papel de «guías» y nos pueden transmitir su saber. Porque se trata de una transmisión, de la que ellos son la fuente, y de la que cada uno de nosotros puede ser receptor por poco que acepte las pocas normas elementales de este intercambio fuera de lo común.

Sin embargo, también es necesario distinguir entre los Seres de Luz y las otras entidades que se nos pueden presentar, ya que a partir del momento en que franqueamos los límites de nuestra percepción más inmediata, debemos constatar que se nos ofrecen múltiples conexiones.

Las entidades

Recibe el nombre de «entidad» cualquier forma de vida humana dotada de una consciencia, susceptible de comunicarse con otras entidades, en uno o varios planos, o en una o varias dimensiones, sin que por ello disponga de un vínculo preciso y limitativo en la materia.

Así se encontrarán reunidos en este mismo concepto las personas que están siguiendo su trayectoria humana, los difuntos susceptibles de comunicarse con los médiums (espíritus), los diferentes tipos de guías espirituales independientemente de su estado de materialización, y también individualidades cuya expresión está limitada a algún universo paralelo y que nunca se han encarnado (ángeles).

Los guías espirituales

Con el apelativo genérico de «guías espirituales» son conocidas todas las entidades que tienen la función de guiar, en el nivel que sea y durante un periodo determinado o toda la vida, a los seres humanos a lo largo de su vida corporal.

En efecto, a todas las almas que se encarnan en la tercera dimensión se les tiene que aportar una ayuda, para que puedan cumplir su objetivo cada una según su propia evolución, que consiste no sólo en hacer evolucionar la materia, sino también en experimentar la vida en todos los estadios de consciencia a los que tienen acceso.

Los dos parámetros esenciales para que la misión de un guía sea llevada a cabo tienen que ver, por un lado, con el contenido altamente espiritual de lo que se transmite y, por otro lado, con la calidad de la transmisión, de la «conducción», ya que esta última tiene que estar impregnada permanentemente de abnegación, humanismo y entrega total.

Los guías espirituales tienen la función de elevar la consciencia de los individuos que tienen a su cargo, proporcionándoles los conocimientos y el saber que les permitirán acceder a las más altas esferas de la comprensión y acercarse a la Luz inherente a todas las cosas.

Al nacer, cada persona ya tiene asignado un guía espiritual, cuya misión es ayudarla a afrontar de la mejor manera posible las adversidades de la vida. Por esta razón, y para ser realmente eficaz en su misión, debe tener un nivel claramente superior en materia de elevación espiritual. Este guía permanece a nuestro lado y nos asiste hasta el fin de nuestra vida.

Cuando nos encarnamos en el planeta Tierra para experimentar la vida en todas sus formas, es decir, bajo sus estadios emocionales, afectivos y evolutivos, se nos atribuye una entidad para que nos acompañe durante toda nuestra existencia. Esta entidad tiene el deber de protegernos, de darnos la fuerza que no tenemos con relación a ciertas experimentaciones difíciles, pero permanece neutra en lo que se refiere a nuestra evolución. Está allí para darnos su amor, la máxima protección y para seguirnos paso a paso.

También otros guías pueden ser enviados, puntualmente, a un ser humano en función de una u otra situación particular que requiera un acompañamiento específico, y dependiendo del camino y el plano elegidos por la persona. En este nivel de intervención, se puede considerar que cada guía tiene una «especialidad», y puede, así, ayudar al individuo en un ámbito determinado.

Es más, algunos guías son seres a los que hemos querido y están todavía muy próximos a nosotros desde el punto de vista vibratorio, de manera que sus signos o sus mensajes nos pueden marcar de una forma más especial —a condición de que se tenga la voluntad de entenderlos bien y de tenerlos en cuenta—. Sin embargo, es muy raro que el guía que nos haya sido atribuido pertenezca a nuestra árbol genealógico, y sea, por ejemplo, uno de nuestros antepasados.

Se puede estar acompañado por uno o varios guías según la intensidad de los momentos que vivimos en la Tierra, de modo que, a diferencia de lo que creemos cuando estamos muy alicaídos, nunca se está solo. Así, a medida que se avanza en la vida, que se evoluciona y se perfecciona espiritualmente, se puede estar asistido por guías cada vez mejor situados en la jerarquía espiritual.

Lo normal es que con el paso del tiempo, con la ayuda y colaboración de nuestro guía, se evolucione. De esa manera, quizá un día nosotros serviremos de guía a otros seres menos evolucionados.

Los guías están a su vez en proceso de evolución, pero en otros planos. Los que han alcanzado un nivel muy alto de espiritualidad ya no se reencarnan, ya no viven experiencias ligadas a la materia; generalmente su misión es acompañar y asistir a los seres humanos más avanzados en el plano espiritual. En cambio, los guías que han avanzado menos pueden volver a reencarnarse, aunque, evidentemente, en unos planos de consciencia más elevados.

En todos los casos, sólo hay que pedir ayuda para que nuestro guía o uno de lo que nos asisten nos reconforte, nos muestre el camino, nos conduzca mediante informaciones o aclaraciones hacia la Luz… Sin embargo, si no se realiza la petición —o si no se presta atención a ella, por falta de una voluntad real de evolución, o por un interés sórdido— el guía no se manifestará.

Un guía no es «reconocido», simplemente hay que acostumbrarse a notarlo dentro de uno mismo cuando nos orienta, nos advierte de uno u otro aspecto, nos muestra un detalle o nos entreabre la puerta hacia un determinado aspecto que no habíamos tenido en cuenta. El guía no se manifiesta forzosamente por medio de una voz, unos sonidos o unos fenómenos directamente perceptibles por nuestros sentidos (las capacidades de nuestros cinco sentidos, unidos a nuestra materia corporal, pertenecen exclusivamente a la tercera dimensión, mientras que los modos de comunicación de las otras dimensiones son mucho más ricos y numerosos); puede ser simplemente una sensación, o también la impresión repentina de saber qué hacer, adónde ir, qué decidir. Nuestro guía nos puede enseñar mientras dormimos, sugiriéndonos leer un libro y no otro, orientando el curso de una conversación, etc.

Su presencia puede consistir, la mayor parte de las veces, en un simple signo, una pequeña coincidencia, un encuentro que se produce justo en el momento en el que lo esperábamos, y que de pronto nos ayuda a solucionar un problema, a resolver uno de los tantos dilemas que jalonan nuestra existencia. En otras palabras, los guías se perciben más con los ojos del alma, propios de todas las entidades, que con nuestros sentidos humanos.

Cualquier contacto con nuestro guía se efectúa en el plano de la energía y pasa a través de nuestra consciencia superior. Cuanto más desarrollada se encuentra esta, cuanto más abierta está a un guía externo y cuanto más avanzamos, más rápidamente evolucionamos... y más nos rodean guías de alto nivel susceptibles de transmitirnos una enseñanza superior: mientras no tengamos la consciencia total de nuestro Yo superior y no integremos la consciencia de esta fuerza que está en nosotros en cada acción de nuestra vida, necesitaremos intermediarios, necesitaremos una guía, necesitaremos, en definitiva, inspiración.

Esto significa que el día en que, finalmente, tengamos plena consciencia de nuestras capacidades, de nuestra naturaleza esencialmente divina —sabiendo desde entonces controlar las emociones, los pensamientos, los sentimientos, el cuerpo físico y los cuerpos energéticos—, los guías se apartarán, se retirarán, porque su trabajo en nosotros habrá terminado: al final de un largo recorrido por el camino de la Luz que nos han marcado, habremos alcanzado el estadio de la plena autonomía, de la realización total.

Si sabemos que al menos un guía nos acompaña permanentemente, es evidente que se le puede pedir consejo en cualquier momento del día o de la noche sobre la manera de solucionar un problema o, en general, acerca de las grandes decisiones que nos pueden ayudar a guiar nuestras vidas. Si no, es como decir que nos hace falta asimilar cuanto antes el concepto de «guía», el hecho de que podamos ser dirigidos y ayudados en cada instante, sea cual sea nuestra trayectoria y nuestras actividades, hasta convertirlo en un nuevo modo de vida, sabiendo que al mismo tiempo seguimos siendo siempre plenamente dueños de nuestro destino. En última instancia, independientemente de los consejos que se nos den, las orientaciones que se nos presenten, las opciones que nos aparezcan a través de un guía, el ser humano sigue siendo el único capaz de decidir sobre su vida y, por tanto, sobre su propia evolución.

En resumen, la intervención de un guía responde a unos criterios muy precisos y no deja nada al azar:

- En todos los casos y en todas las circunstancias, nosotros seguimos siendo dueños de nuestras decisiones; en ningún momento un guía nos impondrá nada, ya que en la verdadera vida, todo es gratuito... simplemente porque está ya en nosotros.
- El guía espiritual no puede de ningún modo borrar nuestro karma (redimir nuestros errores pasados); él es sólo un instrumento con capacidad para ayudarnos a enfocar bien nuestra trayectoria.
- Seguir a nuestro guía nos lleva a tener las experiencias vitales necesarias para cumplir nuestra propia existencia con la máxima armonía posible.
- Aceptar que uno puede dejarse informar y enriquecer por los guías espirituales exige tener fe, requiere aceptar la exploración de las partes de uno mismo desconocidas hasta entonces y afrontar todos los miedos.
- Dejarse guiar significa establecer un equilibrio y una armonía entre la pequeña parcela de energía de nuestro ser más profundo y la gran parcela de energía del universo.

- Dejarse guiar aumenta nuestra resistencia física y espiritual de cara a la realización de nuestra propia vía.
- Escuchar y respetar a los guías, seguir sus consejos, nos ayuda a reposicionarnos en los campos de energía que son más elevados, en lo que se revela como una tarea divina por cumplir, y sobre todo eliminamos todas aquellas fuerzas que se consideran negativas.
- Aceptar al guía es descubrir poco a poco la verdadera fuerza que está en nosotros, que desde siempre está conectada a las grandes corrientes de energía del universo. Desde entonces, ya nada nos puede impedir crecer y desarrollarnos, espiritual y humanamente que se consideran.
- En definitiva, quien cuenta con la guía de los guías espirituales desarrolla su propia libertad y su independencia, en la comprensión sublimada del mundo de la tercera dimensión, y esto lo hace de acuerdo con la parte divina que está en él y no ya con los valores que le son impuestos desde fuera.

Para concluir en lo que se refiere a los guías espirituales, meditemos sobre estas líneas que describen con gran acierto su importancia:

> Hablémosles, ellos nos responderán de una manera u otra. A nosotros nos corresponde percibirlo. Si no entendemos directamente, escuchemos lo que alguien nos acaba de decir, miremos lo que está escrito ante nuestros ojos o la escena que se desarrolla frente a nosotros; si hemos preguntado, la respuesta nos espera. [...] Lo que es bonito, verdadero y profundo raramente es espectacular, pero los signos más anodinos a veces son los más valiosos. Nuestras vidas están llenas de guiños que no vemos porque siempre esperamos un acontecimiento extraordinario, cuando en realidad lo que esperamos desde siempre está exactamente donde nosotros nos encontramos. [...] Estaríamos menos encogidos,

menos enfermos, si aprendiéramos a mirar, y no a ver todos estos signos que se nos ofrecen en abundancia y que nuestros guías exteriores e interiores nos envían a diario.

Los espíritus

El término *espíritu* se emplea generalmente para designar la forma descarnada en la que todo individuo se convierte después de su muerte, cuando, habiendo perdido su cuerpo físico, su existencia se limita a una energía no corporal que, no obstante, permite contactos y diversas formas de comunicación, tanto con los vivos como con las otras entidades no materializadas.

Desde esta óptica, el mundo material en el que nos movemos todos los días está superado por un mundo invisible en el que viven los seres inmateriales que o bien acaban de salir de una encarnación, o bien están a la espera de entrar en un nuevo cuerpo. Sobre estas bases está fundada la teoría del espiritismo, de acuerdo con las antiguas concepciones del karma y de la reencarnación, propias de muchas corrientes religiosas.

En este mundo paralelo también existe una verdadera jerarquía de los espíritus establecida en función de su grado de elevación espiritual. Toda encarnación en la materia ha de permitir progresar al espíritu, elevarse hacia la Luz, después de lo cual, al final de la existencia terrenal, abandona el cuerpo que servía de *envoltorio* a su alma y regresa a su forma energética inicial.

Todos los seres acceden un día u otro a la condición de espíritu, pero no se les confiere sistemáticamente una misión como guía espiritual, ya que para esto se necesita un nivel espiritual muy elevado y haber superado ciertos niveles en la jerarquía de las entidades espirituales. Esto significa que todos los espíritus, si bien pueden entrar en contacto de una manera u otra con los seres encarnados —lo cual no siempre es posible—, no son forzosamente Seres de Luz con el «encargo» de transmitir un saber espiritual a los humanos.

La verdadera esencia de los Seres de Luz

Vistas las definiciones que hemos dado anteriormente y teniendo en cuenta los múltiples matices que ahora interpelan nuestra percepción del universo, conviene precisar con la máxima claridad qué son realmente los Seres de Luz, qué tipo de misiones tienen confiadas y cómo cumplen con esa carga considerable.

La naturaleza de los seres de luz

Los Seres de Luz son entidades espirituales. Son seres que han pasado por el periplo de la materia y han vivido en este mundo —y en otros mundos— hace mucho tiempo.

Han alcanzado un nivel de elevación espiritual que les permite no tener que volver a reencarnarse en un cuerpo terrenal. Por su elevación espiritual han conseguido alcanzar la Luz y ahora son capaces de transmitirla. Han superado el estadio de entidades encarnadas para no ser más que «Energías de Amor». Por esta razón ya no necesitan el *vehículo de manifestación* («el cuerpo»).

Después de haber vivido todo lo que los hombres tienen que vivir en la materia, de haber conocido encarnaciones en la Tierra y en otras esferas habitadas, ahora vienen para servir de guías a los humanos, para compartir sus experiencias y revelar a los hombres su verdadera naturaleza, la parte divina que hay en ellos.

Los Seres de Luz no pertenecen al mundo de los difuntos y no tienen que reencarnarse más en este mundo, donde ya han cumplido su evolución en el tiempo en que estuvieron. Por eso conocen bien a los hombres y sus problemas —sus sufrimientos, sus angustias, sus deseos…— y pueden ayudarles en todos los ámbitos de su existencia.

Este conocimiento del mundo de la materia y de las encarnaciones físicas es lo que marca la diferencia entre los Seres de Luz y los ángeles, ya que estos últimos nunca han tenido un cuerpo físico.

Allí donde se encuentran los Seres de Luz, el tiempo no existe. Ni tampoco la edad. Por ello, como no tienen forma determinada adoptan la forma que el inconsciente de los hombres desea ver:

> Es únicamente por eso por lo que nos manifestamos a vosotros de una u otra forma. La edad es únicamente un valor de la tercera dimensión, por tanto, de vuestro mundo. [...] No podemos daros nuestra verdadera imagen porque, en los planos en donde nos encontramos no tenemos ninguna imagen como la que estáis acostumbrados a concebir. Nosotros nos manifestamos a vuestro nivel de consciencia, nos manifestamos a vuestro nivel de percepción para facilitaros la comprensión, la canalización, ya que en el caso que fuera de otra manera, os parecería tan extraño que las palabras no podrían explicar en modo alguno lo que somos y quiénes somos.

Su misión

Los Seres de Luz no hablan en nombre de Dios o en tanto que Dios. Hablan con la consciencia que hay en la parte divina de cada individuo.

El objetivo esencial de los Seres de luz es despertar a los hombres a otras consciencias, sacarlos de su aislamiento físico en el que están recluidos, el aislamiento que alimentan sabiamente la educación, la religión y la cultura.

No intentan separar a los humanos de sus raíces, de su estatus social o de su civilización, sino animarlos a pensar de un modo diferente, a percibir el mundo de otra manera, con mucha más amplitud que la de su limitada existencia personal.

Un Ser de Luz en ningún momento se permite ordenar algo a un ser humano; él está sólo para amarlo, comprenderlo, iluminarlo y ayudarlo.

El deseo de los Seres de Luz es lograr que los hombres vean el mundo no sólo a través de sus cinco sentidos, sino también, y sobre todo, a través del filtro de otra concepción de la vida, a través de una consciencia universal:

> La vida es infinita. Alcemos la mirada cada vez que podamos y procuremos entender que en todos estos puntos luminosos que están por encima de nosotros la vida existe de mil y una formas. Si nos abrimos a esta consciencia de pertenecer al universo, si nos abrimos a la consciencia de que nosotros, hijos de la Tierra, hemos sido en otras existencias hijos del universo que viajamos de mundo en mundo experimentando la vida, aquí y allá, todo lo que ocurra a partir de ahora en este mundo nos resultará mucho más accesible.

Una de las misiones principales de los Seres de Luz en la Tierra consiste en hacer que los hombres adquieran la consciencia de que no están solos, y de que, contrariamente a lo que han aprendido en la escuela, la vida existe hasta el infinito y bajo múltiples formas.

El otro gran objetivo de los Seres de Luz, que se entrevé en todas sus manifestaciones, es hacer que los hombres se revelen a sí mismos, ayudarles a entender qué son realmente y lo ilimitadas que son sus capacidades, en comparación con lo que perciben en el primer grado.

En efecto, gracias a su constante presencia, los Seres de Luz están allí para apoyar a los hombres, darles confianza y acompañarlos en cada momento de su existencia, para mostrarles que en cualquier circunstancia tienen dentro de sí mismos los recursos necesarios. Por eso, los Seres de Luz reiteran que, a pesar de lo que pueda ocurrir, el hombre nunca está solo en toda su trayectoria.

Ser consciente de la existencia de los Seres de Luz, es decir, de la realidad de la vida, hará que los hombres respeten más todo lo que les rodea y asimilen el concepto de lo sagrado, de lo divino; les hará mirar los otros reinos del planeta Tierra con otros ojos, y ello les abrirá las puertas a otra consciencia.

Los Seres de Luz quieren enseñar a los hombres que deben orientarse, abrirse al Universo, elevarse espiritualmente y decidirse a «crecer».

A la larga, los Seres de Luz se manifestarán físicamente, hecho que marcará el inicio de un periodo de grandes cambios, de lo que ellos consideran una «inmensa transformación» que tiene que llevar a todos los hombres a revisar por completo sus modos de vida y sus esquemas de desarrollo.

Precisamente para preparar a la humanidad de cara a esta renovación de las energías fundamentales, los Seres de Luz están permanentemente al lado de los hombres, con el fin de poder ayudarlos con sus consejos y con todos las señales que les transmiten.

Los medios de los que disponen

Según los Seres de Luz, desde la noche de los tiempos ellos han ido dejando en la Tierra múltiples huellas de su paso, que son otras tantas pequeñas luces destinadas a iluminar a los hombres y ayudarlos a evolucionar, como balizas capaces de orientar a los humanos en su camino terrenal:

> Desde que el planeta Tierra existe, por lo menos en lo que vosotros podéis percibirlo porque no siempre ha tenido esta

densidad, no siempre ha sido geográficamente como vosotros podéis concebirlo actualmente, es decir, desde que las humanidades tal como la vuestra se han desarrollado en este mundo, ha habido contactos entre vosotros, hijos de la Tierra, y nosotros, hijos de las estrellas. Se han perpetuado de civilización en civilización y quienes mantenían el contacto con nosotros, hijos de las estrellas, conservaban también el conocimiento que nosotros habíamos dejado en la Tierra y que, cuando llegue el momento, vosotros recuperaréis.

Esto significa que, en realidad, después de haber venido en repetidas ocasiones, los Seres de Luz jamás se han marchado realmente de la Tierra. Ellos afirman haber permanecido siempre, aunque invisibles, y han dejado así a los hombres la posibilidad de vivir y llevar a cabo sus propias experiencias, contentándose con aconsejar discretamente a quienes reconocen y admiten su presencia:

> Nosotros nos hemos manifestado muchísimas veces ante vosotros. Algunos han creído totalmente en nuestra existencia. Otros, porque no estaban preparados, o porque no querían estar preparados, nos negaron la existencia. Y hoy os lo decimos, os lo repetimos; estamos aquí, cerca de vosotros. Algunos están presentes en este lugar en forma de una energía que no podéis percibir, y en una realidad diferente a vuestra realidad habitual[1].

Los Seres de Luz consideran que, en su inmensa mayoría, los hombres no están preparados para conocerlos. Bastaría, por su parte, que simplemente densificaran un poco más sus energías para que dicho encuentro se produ-

---

1. «Dialogue n.º 2 de 29 de enero de 2000 en Sarlat», en http://perso.wanadoo.fr/jean-paul.barriere/jesusfic/dailogue.htm.

jera, lo cual para ellos es muy fácil, pero en todos los casos, en cambio, las reacciones humanas serían demasiado fuertes —unos se aterrorizarían demasiado, otros se exaltarían de alegría— y los beneficios de esta operación serían, en definitiva, demasiado limitados.

Así, pues, los Seres de Luz prefieren diferir el encuentro y continuar manifestándose como antes:

> (...) a través de canales que nos permiten el inmenso honor de transmitir lo que tenemos que transmitir, de permitirnos comunicarnos con vosotros.

En el nivel más elevado, los Seres de Luz reservan a los hombres muy avanzados espiritualmente una transmisión del saber de un tipo particular. Estos seres —a los que se les atribuye un alto valor espiritual y que generalmente están en un fin de ciclo de humanidad terrenal, voluntariamente encarnados para ayudar a sus semejantes— son conducidos a la sexta y la séptima dimensiones, y puestos en contacto con lo que llamamos *puntos de confluencia* de una intensidad vibratoria extraordinaria, en la que reciben una enseñanza muy intensa y adquieren energías considerables.

Estas son, en términos generales, las grandes líneas que permiten definir a los Seres de Luz.

Sin embargo, antes de poder comprobar por uno mismo los efectos de esta presencia constante junto a nosotros, se debe añadir otro parámetro importante sin el cual nuestro estudio no iría demasiado lejos: no todo el mundo puede entrar en contacto —sin una iniciación adecuada— con los Seres de Luz.

En efecto, de lo que se trata aquí es ni más ni menos que de la comunicación entre dos universos, dos mundos que habitualmente están herméticamente cerrados y que en condiciones normales no ofrecen ninguna posibilidad de intercambio de ningún tipo.

Quienquiera que todavía no haya alcanzado la elevación espiritual necesaria, pero que, aún así, desee entrar en comunicación con los Seres de Luz, va a necesitar un enlace, un «barquero» que tenga la disponibilidad y la receptividad necesarias para servir de conexión en la transición de las informaciones de una dimensión a otra.

Esta persona fuera de lo común es denominada como el *canal*.

El contacto con los Seres de Luz

A partir del momento en que conocemos la existencia de *otras dimensiones*, que nos abrimos a cualquier posible percepción de *otros mundos*, y, en su caso, al encuentro de entidades originarias de *otras esferas de existencia*, nuestra consciencia de ser humano, más o menos racional según nuestra cultura y el medio en el que hemos evolucionado, franquea un límite. Es el límite que separa lo material de lo inmaterial, lo temporal de lo intemporal, lo visible de lo invisible.

En realidad, más allá de cualquier definición, sencillamente accedemos a un nuevo estado de consciencia. Esto no significa, no obstante, que estemos totalmente preparados para integrar todo lo que se relaciona con ello en nuestra vida diaria. Hace falta tiempo y paciencia, además de una buena dosis de perseverancia, para superar una a una todas las etapas que conducen a la comprensión plena y entera de los fenómenos que nos rodean.

Esta es en parte la razón por la que el contacto con los Seres de Luz puede ser tan benéfico: porque nos ayuda, nos acompaña, nos lleva hacia una comprensión máxima, no sólo de la realidad de nuestro mundo en todas sus proyecciones, sino igualmente de los otros planos de existencia de los que hasta ahora no teníamos el más mínimo conocimiento.

Naturalmente, ello sucede a condición de ser capaces de «conectarnos» con el modo de comunicación de las entidades que existen en las más altas esferas de la Luz, a fin de captar y entender tanto los mensajes breves y puntuales como las informaciones más complejas que entroncan con una enseñanza que se inscribe en plazos de mayor duración.

No olvidemos que los Seres de Luz, aunque son capaces de transmitirnos todo el saber del que son portadores —y sabe Dios que es considerable para nuestros pobres conocimientos humanos—, nunca van a imponerse, no van a tomar la iniciativa ni tampoco estimular a un individuo u otro para que tome una decisión iniciática. Ellos están ahí, siempre a disposición, presentes en la sombra de nuestra realidad cotidiana, pero la condición mínima para que se manifiesten es en todas las circunstancias que nosotros los interpelemos, que nosotros seamos el origen, los iniciadores del contacto; es decir, que nos dirijamos a ellos y establezcamos en cierta forma un diálogo.

Los Seres de Luz podrían sensibilizarnos muy fácilmente de su presencia, transmitirnos todo tipo de informaciones sin nuestra intervención; sería, como si dijéramos, técnicamente muy sencillo para ellos, pero no es su misión: sólo pueden intervenir en seres humanos que estén realmente preparados —espiritualmente abiertos, dispuestos a escucharlos— y dan el paso. Así, el contacto con las entidades espirituales sólo es posible en esas condiciones.

Aquí intervienen los que hemos denominado *canales*, designados con este vocablo tan explícito porque tienen la función de realizar la conexión entre nuestro mundo y el de los Seres de Luz.

El *canal*, intermediario indispensable con los Seres de Luz

Generalmente, un *canal* es una persona absolutamente común, de apariencia normal y sin nada particular que la distinga dentro de un grupo o una multitud; pero es la persona capaz de entrar en comunicación con los Seres de Luz y, más en general, con las entidades de diferentes universos y esferas de existencia.

Esta aptitud no debe nada al azar, sino a una disposición personal para recibir informaciones procedentes de otras dimensiones. Porque se trata en definitiva de una transferencia de informaciones que, en ciertas circunstancias, se activa entre dos campos vibratorios diferentes —recordemos que el paso de una dimensión a otra en realidad es un cambio de índice vibratorio—.

Los Seres de Luz transmiten y los hombres reciben, pero entre los dos seres que sirven de *canal* debe haber una cierta aptitud para asumir su tarea. De hecho, cualquier individuo que aspire a convertirse en un *canal* debe cumplir unas normas:

• En primer lugar necesita tener una consciencia más elevada que la del común de los mortales, para estar en sintonía con las entidades luminosas y recibir sus vibraciones en las mejores condiciones. Para hacerlo, su consciencia tiene que estar más depurada, más abierta de lo normal, ya que en caso contrario no podrá servir de prolongación a los Seres de Luz en el plano de la materia.

• Si quiere devolver todo lo que se le transmite, el *canal* debe asumir el hecho esencial de que lo que se le da no le concierne directamente a él, sino que debe ser obligatoriamente transmitido para hacer evolucionar a otras entidades que no son él; si no demuestra estar a la altura de esta misión, la capacidad para servir de *canal* le será retirada.

• La función de *canal* no está al alcance de todo el mundo. Para involucrarse plenamente y asumir todas las implicaciones, ante todo se tiene que estar en paz con uno mismo, eludir las trampas de la mente y apartar todos los pensamientos negativos.

Posteriormente, se tiene que integrar en la medida de lo posible las que denominamos *Energías de Amor*, es decir, ser capaz de visualizar la Luz en sí misma e introducirse en la pureza divina.

Finalmente, es fundamental mantener recta la razón, mostrar la máxima humildad, y sobre todo entender que se está al servicio de la Luz, pero que no se es la Luz. En definitiva, que se es el *portador de la Luz*, es decir, nada que justifique una alimentación anormal de nuestro ego —que sería lo peor y nos supondría un rechazo total por parte de los Seres de Luz para comunicarnos—.

Si alguien, que está sirviendo en el «estado de canal», aprovechara los descubrimientos hechos en los planos de lo invisible para brillar y hacerse valer —dejándose llevar por la vanidad—, vería cómo su misión quedaría anulada y finalmente se quemaría con esta Luz de la que no habría sabido ser el humilde servidor.

Ser canal no es una facultad, es un estado. Es construir un puente que, durante la duración de una transmisión, une los hombres a los planos invisibles —o por lo menos a los planos para los que todavía no tenemos medios para percibirlos—.

• Las características propias de la función de *canal* dan a entender claramente —las entidades luminosas lo repiten con frecuencia— que todo individuo encarnado en la materia, toda persona que viva en la Tierra tiene potencialmente la capacidad de recibir los mensajes de los Seres de Luz y de transmitirlos a sus semejantes, con la condición de merecerlo, de prepararse con asiduidad para convertirse en un canal de recepción para todas las informaciones preciosas que deberán transitar de un mundo al otro.

• Cualquier persona que empieza la función de *canal* o, más bien, la personas en quien se despierta el estado de *canal* debe tener muy claro que esta práctica no es inocente: no se trata en ningún caso de un juego de sociedad para personas ociosas deseosas de sensaciones fuertes. La opción de la espiritualidad dirigida al despertar de la consciencia —la suya propia y la de los demás— es muy seria; se refiere a unas fuerzas y unas energías cuyas múltiples posibilidades de transferencia no son anodinas y pueden tener consecuencias peligrosas si no se canalizan mediante un buen hacer específico.

• La transmisión de informaciones entre los Seres de Luz y los seres humanos tiene un carácter eminentemente útil. Toda práctica lúdica (superficial) o sin fundamento verdadero (basada en un interés material) sólo contribuiría a depreciar sus enseñanzas y, a la larga, a romper el contacto con las entidades espiritualmente muy evolucionadas. Esto significa que el *canal* no está ahí para hacer videncia o predecir el futuro, sino, al contrario, para ayudar a sus semejantes —por medio de estas informaciones procedentes de los Seres de Luz— con el propósito de hacer que aprehendan mejor su futuro.

• Quien toma la decisión de asumir la función de *canal* debe estar muy atento para no confundir las informaciones que pueden venir de su propia voz interior con las informaciones transmitidas por los Seres de Luz.

Un canal auténtico no pregunta nunca informaciones sobre sí mismo, sino para los demás. En efecto, en lo que le concierne personalmente sabe que puede encontrar todas las informaciones que necesita contando únicamente con su intuición, ya que todas las respuestas están en el interior y no en el exterior.

• Para ser plenamente operacional, el *canal* debe hacer previamente un vacío en sí mismo. Esta es una condición inicial para que pueda «oír» lo que le va a ser transmitido:

> Para corresponder con nuestro canal, nosotros estamos en él; nuestra energía lo invade; es libre, no pesamos en su voluntad. Está en armonía perfecta con nuestra energía. Por tanto, estamos dentro y fuera de él. Es como una música que

está perfectamente afinada, y sabe que lo que dice no viene de su propio yo.

• El *canal* tiene que alcanzar cuanto antes una cierta forma de discernimiento, impregnada de una gran humildad y de una modestia sincera:

> Un canal es importante en la media en que si es un porta-Luz puede iluminar el camino, pero si no tiene juicio, discernimiento o todavía no es estable en sus percepciones puede ser peligroso, porque arrastrará seres detrás de sí; en lugar de llevarlos por un camino de Luz, los llevará hacia el caos.

• Los verdaderos *canales* no cambian nada en su vida cuando empiezan a entrar en contacto frecuentemente con los Seres de Luz. Asumiendo plenamente su misión, persiguen sin brillo las experiencias de su vida al ser encarnado en este mundo. Los únicos cambios que experimentan se dan en la ascensión de sus almas, que resulta de un equilibrio constantemente renovado entre sus vidas espirituales (cada día más intensas) y sus existencias materiales.

Beneficios y riesgos del *channeling*

El término anglosajón *channeling* —que proviene de *channel*, que literalmente significa «canal»— designa la toma de contacto de un ser humano en estado de meditación con otros planos de consciencia que le revelan informaciones desconocidas por él en su estado normal.

Aparte de todos los modos heredados del conocido *New Age* de los años setenta, se trata de un tipo de comunicación término proveniente, esencial y fundamental, cuyas aportaciones benéficas y sus posibles derivaciones necesitan ser percibidas con claridad.

Una luminosa evidencia

En el momento en que se produce un contacto particular con los Seres de Luz —que debe distinguirse del que se puede operar con espíritus (un Ser de Luz da energía, mientras que el espíritu la absorbe)— el canal accede al nivel vibratorio de su interlocutor de Luz; a continuación, se eleva al nivel de consciencia superior de la entidad con quien entra en relación, para alcanzar un estado de vacío interior, sin ningún otro pensamiento, particularmente propicio para la manifestación de la energía de la Luz.

Llegado a este estado de disponibilidad y receptividad totales, el canal queda totalmente a la escucha de una inteligencia exterior que se encuentra fuera de cualquier referencia humana. En esta especie de estado de gracia se produce la transferencia de informaciones, y, entonces, corresponde al receptor el trabajo de transcribir a continuación a la esfera de la comprensión y al nivel de vibración de sus semejantes las preciosas y luminosas enseñanzas recibidas.

Para aquel que está investido con la misión de servir de enlace entre los hombres y los Seres de Luz, cualquier comunicación es el objeto de una revelación con visos de curación espiritual de una intensidad vibratoria considerable y verdaderamente regeneradora. De pronto, las dudas y las incertidumbres, las preocupaciones y las obligaciones del mundo material se difuminan para dar paso a una consciencia luminosa que lo hace todo evidente, interpelando y tocando al individuo en su ser más íntimo.

Una prudencia indispensable

Sin cuestionar el contenido de las comunicaciones procedentes de los Seres de Luz, conviene precisar que la enseñanza y las informaciones que transitan por los *canales* deben ser tomadas con precaución. No porque sean intrínsecamente peligrosas, ya que en un principio tienen la función de hacernos avanzar y evolucionar, sino porque todo dependerá del uso, bueno o malo, que se les dé. La Luz que se nos ofrece es un don fabuloso, y a nosotros nos corresponde ser dignos de él.

Para ello, debemos saber que los mensajes y las enseñanzas que nos llegan a través de un *canal* no constituyen *la verdad*, ni tampoco una verdad entre otras. Suelen ser casi siempre informaciones necesariamente parciales y adaptadas a unas situaciones y unos casos concretos, a unas personalidades, a unos contextos particulares; además, pueden ser interpretadas a diferentes niveles, lo cual hace todavía más delicada su comprensión global. Finalmente, también los mensajes de los Seres de Luz son destilados por los *canales* según el grado de evolución personal de cada uno: un canal recibirá un tipo de mensaje, otro canal tendrá informaciones dentro de un sector específico, etc.

En otras palabras, la comunicación de los Seres de Luz corresponde a un momento concreto, pasa por un canal particular y se aplica a una situación precisa. A menos que se trate de una comunicación con un significado realmente general, está fuera de lugar sacarla de su contexto inicial para convertirla en una enseñanza pretendidamente general. Puede suceder que un *canal* obtenga dos respuestas diferentes por parte de las entidades luminosas sobre un mismo tema que haya sido planteado en momentos diferentes, simplemente porque, de una manera u otra, el contexto ha cambiado; este dato tiene que generar, lógicamente, una respuesta con matices diferentes.

Todo lo dicho significa que en todos los casos se tiene que demostrar una enorme humildad y una cierta dosis de paciencia para tratar las comunicaciones de los Seres de Luz y extraer su significado verdadero. Sólo entonces llega el momento de hacer un buen uso de ellas, lo cual es, con mucho, lo más importante, como afirman constantemente los Seres de Luz.

Sea como fuere, el *channeling* es, y debe seguir siendo, una enseñanza y no una suma de informaciones destinada a realzar, de alguna manera, el papel del receptor:

> Se nos ha dicho que para lograr nuestro crecimiento interior necesitamos escuchar. La reacción que tengamos al *channeling* es lo que nos hará crecer, ya sea de aceptación o de rechazo, de entusiasmo o de indiferencia.

SEGUNDA PARTE
LA ENSEÑANZA

El decorado está montado.

En un lado están los hombres, en el mundo material que conocemos. En el otro lado, los Seres de Luz, en varias dimensiones que apenas percibimos. Y entre los dos, estos seres que se parecen a nosotros y que, sin embargo, son suficientemente diferentes como para permitir el contacto.

Los detalles que hemos venido dando hasta ahora sirven justamente para definir la sorprendente relación que a veces se instaura entre universos que se diferencian en todo, pero que de pronto resultan ser tan próximos, tan imbricados, que suscitan la fascinación más increíble.

Una vez presentados los protagonistas, es inevitable centrarse en lo que estos tienen que decir y recibir, en el contenido de estos intercambios fuera del tiempo y del espacio, porque precisamente por la naturaleza de estas comunicaciones todo adquiere pronto otro significado.

Entonces, unas palabras sencillas, aunque muy utilizadas, se unirán a una luminosa evidencia, hasta alcanzar la insospechable envergadura de una auténtica «enseñanza», muy superior a la que se imparte tradicionalmente en nuestras escuelas y, sobre todo, propagadora de un despertar espiritual y de una elevación de la consciencia más allá de todas las concepciones humanas.

Qué nos enseñan los Seres de Luz

Por el hecho de ponernos a la escucha de los Seres de Luz y aceptar la recepción de sus mensajes, estamos admitiendo de facto que existen una o varias realidades y que el mundo de los humanos, considerado como el único escenario con capacidad para acoger la vida, no es más que una parte de un conjunto que lo supera ampliamente.

Esta aceptación por parte nuestra es, sin duda, el signo de una visión y una receptividad nuevas, a las que deberemos asirnos si queremos averiguar los misterios de los Seres de Luz y asimilar lo que tienen que transmitirnos.

Si en algún caso nuestra sensibilidad se viera afectada por lo que ellos nos revelan, y nuestras ideas resultaran muy cuestionadas, la lógica más elemental sugiere que, para poner fin a nuestras crispaciones y certidumbres anteriores, insistamos siempre en esta apertura del espíritu que deja que las informaciones lleguen hasta nosotros, antes que fijarnos en una posición de rechazo sistemático sobre sus contenidos.

Entonces, la Luz ya podrá transitar fácilmente y de la manera más desahogada, desde los Seres de Luz hasta nosotros como si se tratara de un fluido regenerador que diera sentido a nuestra trayectoria.

Es evidente que esta enseñanza —tan particular— se encuadra en una dinámica de evolución. Poco a poco, va a transformar la percepción que tenemos de la vida y, por consiguiente, nuestra actitud frente a ella. Nuestra relación con el mundo, con los demás, y con los nuestros también va a cambiar, nuestra cotidianidad adquirirá un significado diferente y se sentarán las bases de un equilibrio interior revisado y corregido. En poco tiempo nos serán accesibles otros estados de consciencia, que nos permitirán abastecernos en todo momento y nos darán la medida de nuestro verdadero vínculo con la Luz y de las energías a nuestra disposición en todas las circunstancias.

Otra dimensión de la vida humana

Los Seres de Luz se hacen perceptibles a la consciencia de los hombres para ayudarlos a conectarse con sus almas, a acordarse de que se encarnaron en la Tierra con un objetivo preciso, con una misión grabada en lo más profundo de ellos mismos. A partir de ahí, la enseñanza de las entidades luminosas consistirá en hacer que el hombre cuide su estado interior y lo eleve a los más altos niveles vibratorios. Porque el verdadero ser del individuo está en el interior y no en el exterior:

> Hoy es un comienzo, el inicio de un camino que podéis seguir, el inicio de un camino para llegar a nosotros, para expresar vuestra verdad, para descubrir lo que sois. Es el único objetivo de vuestra vida. [...] No hay ninguna razón, no hay ningún objetivo en el mundo exterior, salvo permitiros ser vosotros mismos. Lo que vosotros podáis hacer en este mundo, de todos modos, no durará. En cambio, lo que hayáis explorado de vosotros quedará[2].

---

2. J. L. Abrassart, *Paroles de Lumière,* Guy Trédaniel Éditeur, 1998.

Todo ser que haya sido encarnado participa en la transformación de la Tierra y, automáticamente, está en relación con la evolución de la humanidad entera.

En este sentido, es evidente que el camino de cada hombre, de cada mujer, de cada niño, de cada fuente de vida, se cumple individualmente y a la vez en el plano universal. Todo lo que ocurre en una vida, todo lo que es vivido tiene un significado profundo, que, poco a poco, se graba en un camino. Ahora bien, lo que nos revelan los Seres de Luz es que el camino de todo ser está grabado en lo más profundo de sí mismo: la enseñanza de las entidades más luminosas nos lleva a descubrirlo.

Los seres de la tercera dimensión son la prolongación directa de los Seres de Luz, y por este motivo tienen que beneficiarse en su dimensión de realización (la tercera) de una ayuda particular por parte de estos últimos —una ayuda de tipo esencialmente espiritual—:

> Vosotros olvidáis lo esencial: olvidáis quiénes sois, olvidáis que lo tenéis todo en vosotros y buscáis siempre fuera de vosotros lo que los otros pueden daros y tan torpemente a veces. Por eso os devolvemos a vosotros mismos. No es cómodo puesto que siempre lo es más buscar apoyos en el exterior: es la manera de funcionar en la tercera dimensión. En las otras dimensiones no necesitaréis ningún tipo de apoyo porque habréis entendido quiénes sois, cómo funcionáis, y sabréis cuáles son vuestras capacidades, vuestras posibilidades.

El objetivo de la encarnación: devolver la materia a la luz

Las entidades que se encarnan en la tercera dimensión —las personas— tienen una misión de primordial importancia, que consiste en experimentar la vida en todos los niveles de consciencia y hacer evolucionar la materia con vistas a transmutarla en Luz:

> Nosotros somos la presencia, el silencio. Vosotros sois la dinámica, el movimiento. Vosotros sois la Luz en movimiento. Vosotros sois la Luz en devenir. Nosotros estamos detrás de todas las cosas. Vosotros estáis encarnados en el movimiento de la Luz. Vosotros estáis en el mundo, es vuestro lugar. Vosotros sois el futuro. [...] Hacer no es nuestra función. Hacer es transformar la materia en Luz[3].

La verdadera naturaleza del hombre

Antes de referirse al tema de las capacidades reales del hombre en el universo, los Seres de Luz nos aconsejan en primer lugar resituar el fundamento básico de la naturaleza humana, sobre el que descansan todas las individualidades sujetas en la tercera dimensión.

A partir de ahí, la primera cuestión que se plantea, si todo debe ser redefinido y concretado por los Seres de Luz, es saber quiénes somos realmente, quiénes son en verdad estos humanos de los que nosotros formamos parte y con quién nos relacionamos cada día.

De entrada, la respuesta de nuestros luminosos interlocutores muestra claramente la amplitud de la fascinante enseñanza que nos va a ser transmitida:

> Vosotros habéis salido de muchos rincones del universo, vosotros habéis salido de todos estos rincones del universo que están en conexión fuera del planeta Tierra. Habéis aceptado el olvido al venir a experimentar a la Tierra, al venir a hacer

---
3. J. L. Abrassart, *Opus cit.*

evolucionar la materia física con vuestras experimentaciones. […] No se debe olvidar que nosotros que os hablamos, de esto hace eones, vinimos a este mundo a implantar la vida. Es la tarea que tendréis cuando seáis suficientemente fuertes, cuando hayáis experimentado bastante la tercera dimensión, la materia. Vosotros tendréis la misión de ir a implantar la vida en mundos vírgenes, en mundos que empiezan a arrancar en esta tercera dimensión.

La vida

La vida es indestructible. Cuanto más se la destruye, más se reconstruye y siempre diferente. Toda aniquilación recrea automáticamente una nueva vida: por eso la aniquilación es una fuerza de regeneración.

Un principio fundamental que debe ser asimilado cuanto antes es el hecho de que nada está nunca adquirido definitivamente: todo cambia y se renueva a cada instante, en la evolución de cada individuo, en la de cada entidad, desde las ideas y los sentimientos hasta todas las proyecciones de la mente y del espíritu en los seres y los mundos que los rodean. Esto significa que cada persona es permanentemente el artesano de una nueva vida.

En otras palabras, cada hombre, cada mujer, está en permanente estado de transformación de su personalidad, a medida que avanza por el camino de su trayectoria humana, lo cual relativiza los estados de alma propios de una u otra circunstancia, y les debe llevar a concentrarse más en sus potenciales de transformación. Para lograrlo, sólo hay una solución: hacerse menos preguntas relativas a uno mismo y seguir avanzando.

Por eso los Seres de Luz suelen decir que cualquier vida, simplemente porque es incondicional e ilimitada, es preciosa más allá de la materia. A partir de ahí, basta que cada uno elimine los velos que ocultan su propia realidad.

Está claro que cada individuo está vinculado a todo el universo, que él es en sí mismo, sea cual sea su nivel de evolución, una parte esencial de este universo:

> Vosotros formáis parte del Todo y el Todo está en vosotros. No hay ningún límite desde el momento en que cada uno de vosotros contiene esta parte divina que tiene el conocimiento del Todo y que está unida al Todo.

Cada alma debe entender que posee en sí misma todos las potencialidades; que, en un cierto sentido, ella lo es todo, pero también que le quedan muchas cosas por experimentar, aprender y comprender sobre lo que realmente es la vida aquí y fuera de aquí, es decir, dentro y fuera de los límites de la materia.

Es aquí en donde intervienen los Seres de Luz para ayudar a la entidad a percibir claramente su misión y sus deberes en materia de experimentación —dicho de otro modo, los objetivos que ella se fijó en sí misma antes de entrar en la presente encarnación— y ver si estos podrán ser o no realizados.

Cada encarnación está jalonada de aprendizajes que son progresivos, de comprensiones múltiples, de evoluciones sucesivas. Cada una destaca la necesidad de trabajar cada vez más, con humildad y abnegación, para perfeccionarse y acercarse cada día más a los más elevados niveles de sabiduría inherentes a las esferas de Luz.

Para que la entidad adquiera finalmente la consciencia de la parte de divinidad que está en ella, se necesita cumplir un gran trabajo de depuración, casi siempre a lo largo de muchas encarnaciones alimentadas por una fe ferviente. Sólo entonces se abre la vía para que la Luz descienda a la materia, al sistema nervioso, a cada una de las células del ser encarnado, a fin de afirmar en ella, de un modo duradero, la presencia de lo esencial.

La energía

La energía es la dueña del universo, y se inscribe en un eterno proceso de devenir.

Hay la energía del Cielo y la energía de la Tierra. La primera es fluida, volátil, no investida; la segunda es espesa, formada, anclada en la materia.

La comunicación entre estas dos formas de energía es difícil, debido a las grandes diferencias que hay entre sus estructuras. Por suerte, existe un nexo de unión, un puente entre las dos, un enlace que les permite unificarse: el ser humano. Gracias a él, las energías del Cielo y de la Tierra están en una interacción eminentemente creadora. Es así como la Luz —fuente de energía primordial— también penetra en el individuo encarnado y alimenta su cuerpo y, a la vez, su ser profundo.

Las enseñanzas de los Seres de Luz contribuyen a restablecer y perfeccionar los canales energéticos por los que la Luz atraviesa el cuerpo humano. Esto significa que lo que resulta esencial no es la enseñanza en sí misma, sino la permanencia de la Luz que contribuye a instaurarlos, y que es la única que puede alimentar la auténtica y efectiva transformación interior del individuo.

El problema de la mayor parte de las entidades encarnadas en el mundo de la materia se deriva del hecho de que han olvidado que, en realidad, ellas son ante todo seres energéticos, que son una parte de la energía universal que fluye tanto a través de la naturaleza, y de todos los elementos del universo, como de los seres humanos.

La enseñanza de los Seres de Luz nos ayuda a reconectar con la consciencia de que podemos canalizar la Luz y hacer que circule mejor en nosotros. En efecto, hay que saber que la energía «vuela», sin límite en el tiempo ni en el espacio; por tanto, es vital que las entidades puedan captarla para transformarla, porque es una materia por devenir y puede convertirse en energía luminosa, una energía positiva.

De hecho, esto significa admitir que la mayor parte de los individuos, al ignorar o negar la parte de energía —de Luz— que está en ellos, están casi «disminuidos espiritualmente» y lo que se debe hacer es reconectar imperativamente con la Luz, con las transferencias de fuerzas energéticas mayores, si quieren evolucionar dentro del universo.

Campos de energía y cuerpos de luz

Resulta esencial adquirir consciencia cuanto antes de que el cuerpo —del hombre, de la mujer, del niño— es una estructura viva, global y unificada, dentro de la cual el corazón tiene un papel central y preponderante: allí las energías de la Tierra y del Cielo se encuentran para alimentar simultáneamente al cuerpo y al ser fundamental del individuo.

El cuerpo energético del hombre está sujeto a un intercambio de energía permanente con el mundo exterior y los otros individuos. La energía de cada individuo resplandece sin cesar a su alrededor, y esto hace que los demás estén reaccionando ante ella continuamente. De esta manera el *cuerpo sutil* del hombre —que incluye el cuerpo físico que mantiene y dirige— está siempre, de una manera o de otra, bajo la influencia de los campos energéticos.

Así, cada entidad es en realidad el receptáculo de múltiples campos de energía, cuya complementariedad hace posible la vida: la energía viva de la tierra contiene siempre un destello de Luz, de Cielo en ella. Sin este destello, nada crecería[4]. Lógicamente, el cuerpo del hombre, al estar alimentado por la Luz, es una parte de la energía universal.

---

4. J. L. Abrassart, *Opus cit.*

En consecuencia, el equilibrio del ser y su estado interior dependen muy estrechamente de que las energías circulen por él lo más armoniosamente posible.

Una estabilidad óptima es entonces un factor de salud, de realización plena y entera, así como de apertura y creatividad en todas las direcciones.

El objetivo del individuo que ha alcanzado un estado de consciencia mínima es restaurar las vías de circulación de la Luz por su interior, resintonizar este fabuloso instrumento que es el cuerpo físico con las fluctuaciones de la energía universal, hasta encontrar su «cuerpo energético ideal».

De ahora en adelante, todo va a consistir en un reequilibrio de las fuerzas que circulan en el ser, de la calidad de la energía de la que dispone para afrontar los acontecimientos de la vida cotidiana y los desafíos que esta le presenta. Por esto los Seres de Luz afirman que si el cuerpo humano es un instrumento de realización, la Luz que va y viene en cada uno de nosotros es otro instrumento, mucho más eficaz y potente —de potencia ilimitada—, para ayudarnos a cambiar y mejorar nuestra existencia terrenal.

Al permitir que nuestro cuerpo vuelva a ser un instrumento perfecto de transmisión de las energías y de la Luz, nos conectamos de nuevo con la naturaleza y el universo, y gracias a ello multiplicamos los recursos y las posibilidades que van a permitirnos embellecer nuestro camino de vida.

Al reencontrar todas sus capacidades de armonización interior, el cuerpo físico se convierte en «cuerpo de Luz», dedicado esencialmente a la transferencia óptima de todas las energías que componen nuestro mundo.

La materia

En el plano de consciencia que nos corresponde —el de la tercera dimensión— percibimos más o menos bien qué es la materia. La mayor parte de nosotros la podemos notar, analizar y codificar.

Nuestro cuerpo físico está totalmente adaptado a esta tercera dimensión anclada en la materia densa, y mantiene una posibilidad de interconexión con el mundo de lo mental y de la reflexión.

En comparación con las dimensiones superiores —existen muchos niveles, algunos muy elevados—, el mundo de la materia es el de las vibraciones muy bajas.

Dentro de la tercera dimensión, también existen varios niveles que van de más a menos. Independientemente del escalón en el que se encuentre la entidad en esta dimensión, siempre dispone de un envoltorio para evolucionar dentro de esta esfera: su cuerpo físico.

En los niveles superiores de la tercera dimensión, al término de un largo trabajo espiritual, la entidad puede sublimar su cuerpo poniéndolo parcial o totalmente al servicio del espíritu, pero no de la mente. A este respecto, conviene saber que existe una diferencia fundamental entre la mente y el espíritu.

La mente inventa, busca, elabora, pero también tiene límites y puede equivocarse fácilmente; desde este punto de vista, es un instrumento especialmente adaptado a la tercera dimensión.

El espíritu, por el contrario, pertenece al dominio de la creación. Se expresa sobre todo en las dimensiones superiores, allí en donde la mente es inútil porque no hay materia densa.

A partir de la cuarta dimensión, que es una dimensión de transición, la entidad ya no necesita vestirse con un cuerpo de materia tan densa para continuar su evolución y asumir las experimentaciones por las que debe pasar. Le basta con rodearse de Luz para ir adonde quiera ir, en los diferentes mundos que corresponderán sucesivamente a la evolución de su alma.

En cuanto al papel de los hombres en la dimensión de la materia, los Seres de Luz no pueden ser más claros: nos dicen que lo que nos piden es que transformemos lo que somos y devolvamos la materia a la Luz para hacer de ella una joya.

El movimiento

> En nuestro mundo, todo es fluido. Nosotros existimos como movimiento, como un movimiento de energía. Vosotros existís como movimiento, estáis en movimiento, un movimiento encarnado en un cuerpo, un movimiento que persigue un objetivo específico[5].

El primer objetivo del ser humano, a través de su encarnación, es expresarse él mismo, optimizar los recursos de los que dispone (que le han sido otorgados); sus tensiones, sus resistencias, sus creencias y sus decisiones proceden de esta puesta en movimiento, de esta dinámica de realización que tiende a afirmar y a revelar en las energías que actúan de común acuerdo con la presencia de la Luz en todas las cosas.

La vida, en el nivel de expresión que sea, es el reflejo del movimiento de la Luz.

La evolución del mundo es el resultado del movimiento global de los seres que descubren y expresan cada uno a su manera su propia esencia, exhibiendo de modo consciente o no su naturaleza —incluso embrionaria— de Ser de Luz. El resultado de este movimiento general, que implica a todos los seres encarnados, es la evolución de la Tierra y la consciencia de la Luz en este planeta.

---

5. J. L. Abrassart, *Opus cit.*

Interior y exterior

Existe un mundo exterior, el de la materia, y un mundo interior, el de la Luz. La existencia de cada individuo, en el día a día, por su posición en la sociedad, le lleva a estar bastante más en contacto con el mundo exterior que con el mundo interior.

Sin embargo, todo indica que en el interior del ser humano se encuentra la personalidad esencial, su ser profundo, es decir, la realidad de su existencia.

La enseñanza de los Seres de Luz contribuye a reanudar e intensificar de un modo duradero el contacto con este interior, hasta entonces abandonado por no haber entendido su importancia primordial.

Todo aquello que ocurre y que tiene lugar en el mundo exterior, todo lo que el ser humano puede llegar a experimentar en la sociedad debe ser trasladado obligatoriamente a su evolución interior.

En efecto, todas las metas y todos los objetivos del mundo material tienen un futuro limitado, mientras que lo relativo a la transformación interior, a las transferencias de energía, a la Luz, está fuera del tiempo y del espacio, con lo cual adquiere un valor ilimitado.

En realidad, el individuo tiene que reconectarse con la parte de él mismo que, en su interior, está en contacto permanente con la Luz, dejando que poco a poco esta parte cobre importancia, hasta convertirse en dominante y se extienda en todas sus formas de expresión y sus vivencias.

Esto significa que la Luz es omnipresente en cada ser y que está profundamente anclada en el interior; simplemente, como destacan los Seres de Luz, se trata de dar a esta Luz la oportunidad de expresarse plenamente, de alimentar la transformación interior de la entidad encarnada y de iluminar en su totalidad la trayectoria humana en curso.

El tiempo

Para los Seres de Luz, el tiempo no es más que una realidad subjetiva —una «falsa realidad»— y, por tanto, una ilusión. Tanto es así que cinco minutos, un año o mil años son nociones absolutamente terrenales, de la tercera dimensión, pero no significan nada en la escala del universo y del resto de los otros mundos.

El equilibrio entre los distintos reinos

Para reencontrar plenamente el significado de su trayectoria vital, los hombres deben conectar de nuevo no sólo con los mundos que están a su alrededor, sino también, y en primer lugar, con los distintos reinos que hay en el planeta Tierra. Deben tender a borrar toda separación, toda dualidad, a fin de conectar con ese equilibrio total que es lo único que puede generar un verdadero crecimiento.

El reino mineral

El mundo mineral es muy valioso, más de lo que piensan los hombres. Está cargado de una energía considerable que en el futuro se utilizará en diferentes ámbitos, especialmente para ayudar a los humanos a transformarse, a reconstruirse, en el sentido literal del término.

Así, ciertos minerales tienen una capacidad de regeneración considerable. Otros, como el sílice (el silicio que contiene), pueden almacenar gran cantidad de informaciones, y memorizar y retornar los datos. Otros, como el oro o el diamante, tienen un valor real en el terreno energético que supera en mucho el valor que se les atribuye hoy. Son muchos los minerales que tienen potencialidades muy altas —hay piedras que curan, otras desarrollan las facultades de comunicación (telepatía), etc.—, pero actualmente parecen que para nosotros tengan valor.

Todo esto nos tiene que ser revelado a su debido tiempo, en función de nuestra concreta elevación personal, a fin de que nuestra evolución prosiga en mejor armonía con el mundo mineral.

El reino vegetal
En el mundo vegetal ocurre algo parecido, porque es evidente que el conocimiento que tenemos de él es sólo superficial. A lo sumo le otorgamos ciertos valores estéticos y terapéuticos, a pesar de que su conocimiento es más fácil que el de los minerales. En este caso también, en un momento u otro tendrá que haber una armonización, un equilibrio entre nuestro índice vibratorio y el de los diferentes elementos de este mundo particular, puesto que todavía nos falta por descubrir prácticamente todas sus verdaderas especificidades —algunas tienen un papel destacado en nuestra relación en la Tierra en tanto que planeta—.

El reino animal
En lo que se refiere al reino animal, a los hombres nos queda mucho por aprender. Se trata de un mundo que está en continua transformación y que sigue su evolución al ritmo que le es propio.

En tiempos que los Seres de Luz consideran cercanos, las comunicaciones con el mundo animal avanzarán de un modo espectacular, cambiarán radicalmente de naturaleza, hasta el punto de llegar a alcanzar intercambios telepáticos que sean tan sumamente desconcertantes como insospechables hoy en día.

La muerte

A diferencia del discurso que mantienen la mayor parte de las enseñanzas occidentales, la muerte no es la negación pura y simple de la existencia. Al contrario, es la otra cara de la vida, que está situada más allá del límite marcado por la pérdida de este cuerpo físico que los Seres de Luz llaman *vehículo de manifestación*, y que sólo sirve durante la encarnación en la tercera dimensión.

En realidad, la muerte no es una separación natural con lo que hemos sido: es simplemente el paso de un estado a otro.

El hombre teme la muerte porque cree que marca una separación irremediable con lo que ha sido durante su vida. Pero, de hecho, esta escisión no es más que una sensación causada por el hecho de que al perder su cuerpo, el hombre se ve privado de los cinco sentidos físicos mediante los que captaba la vida hasta entonces; en definitiva, no percibe el *después de la muerte*, porque carece de los instrumentos sensoriales necesarios: el estado de consciencia al que ha llegado como ser vivo no le permite acceder a otra dimensión en la que se encuentran los seres desaparecidos que la muerte se ha llevado.

Todo esto significa que hay que alcanzar un nivel de consciencia más «despierto», con el fin de poder ver —con los ojos del alma— al otro lado del espejo este universo invisible para quienes no tienen el índice vibratorio suficientemente elevado.

Pero una vez adquirida dicha consciencia, todo resulta distinto. Lo que creíamos que era un fin, en realidad es una liberación, un paso a otro mundo, a una dimensión mucho más luminosa en la que los imperativos del *vehículo de manifestación* ya no limitan la comprensión, que a partir de ahí adquiere una relevancia insospechada.

Y si realmente no hay separación, ya no hay tristeza que sentir, ni angustia por la idea de tener que abandonar el mundo físico, ni incertidumbre o miedo visceral en lo que respecta a nuestro propio futuro. El sufrimiento o la aflicción por tener que separarnos de los nuestros pasa a ser ilusoria, ya que en todos los casos la ausencia es sólo momentánea.

Ciertamente no podemos volver a ver a un ser desaparecido ni tocar su cuerpo físico, pero siempre se está en condiciones de notarlo con el corazón, y cuanto más despierto se está espiritualmente —cuanto más se está en la Luz—, más fácil es entrar en contacto con él.

Una de las primeras cosas que nos enseñan los Seres de Luz es que el paso del estado de *vivo* al estado de *muerto* no nos aleja del mundo, sino que nos acerca a él. El mundo material, en el que habíamos anclado nuestra existencia física, es en verdad un lugar de residencia temporal, destinado únicamente al estudio y a la exploración.

Esta es, sin duda, la primera gran revelación que marca nuestro acceso a un nuevo estado de consciencia; el «verdadero mundo» no es el de la materia, en el que todo es perecedero, sino el del espíritu, donde todo perdura y se perpetúa por encima de las obligaciones y las bajas vibraciones propias de los límites materiales.

Esto significa que cuando la persona muere no es que la vida caiga en la nada, sino que la muerte es el signo del paso a otra dimensión, a un estado de ser diferente, marcado por la paz y la serenidad. Un estado vibratorio que, para empezar, habrá que entender, admitir y aceptar con el fin de obtener de él la energía necesaria para continuar la trayectoria iniciada anteriormente en el mundo material.

En otras palabras, nada se detiene, todo continúa, en otro campo vibratorio y en otras dimensiones, es cierto, pero tan reales como los que habíamos conocido antes. Por nuestra parte, tenemos que elevar la consciencia hasta llegar a percibir sus fascinantes engranajes, ya que de esta apertura de nuestra consciencia dependerá la continuación de nuestro camino, la naturaleza de nuestra evolución personal más íntima y, en definitiva, la verdadera realidad de nuestra existencia.

Los Seres de Luz nos iluminan y nos facilitan la comprensión del paso por el mundo material —la vida encarnada—, que, ubicado en el contexto de la eternidad, sólo dura un breve instante.

Puesto que el ser verdadero es vibratorio e inmaterial, entonces puede tener varios *vehículos de manifestación* sucesivos, a lo largo de diferentes encarnaciones en la materia, sin que la vida desaparezca y sea aniquilada por ningún vencimiento final con tintes de terrible castigo... a imagen de esas noches de sueño que se alternan continuamente con nuestras jornadas de vigilia en una trayectoria humana.

A través de esta nueva comprensión de la muerte, de esta visión con varias dimensiones, cada hombre, cada mujer, cada niño, se ve simplemente liberado de las cadenas de la materia, en un despertar repentino de su consciencia que le revela unas perspectivas de existencia ilimitadas.

A partir de ahí, no sólo las ansias de la muerte adoptan otro semblante, sino también las vicisitudes de la vida y las experiencias difíciles por las que se pasa a lo largo de la existencia material. Y, sobre todo, la supremacía del espíritu sobre lo físico (el vehículo de manifestación terrenal) es lo que hace posible que el hombre acceda a una consciencia ya no individual sino realmente universal.

La muerte, este paso al otro lado del espejo, esta liberación del peso del cuerpo, debe ser vivida como una gran «iniciación» a la vida verdadera, que se extiende a lo largo de numerosas encarnaciones, entre las que, cada vez, el ser vuelve a la dimensión de la Luz, antes de volver a vivir otras experiencias y otros desafíos en el mundo de la materia o en otras esferas.

Una de las ideas principales que los Seres de Luz nos transmiten cuando somos suficientemente receptivos es que a imagen de los estados de consciencia, que son innumerables, existe un número ilimitado de campos vibratorios; no uno sino numerosos mundos en los que la vida se perpetúa simultáneamente; no una, sino múltiples esferas en las que los seres en estado de espíritus pueden continuar su existencia.

De modo que *cada hombre no es únicamente la suma de todas las situaciones vividas en una vida terrenal, sino mucho más que eso; lleva en él las experiencias, las enseñanzas, los saberes adquiridos a lo largo de un número variable de existencias ancladas sucesivamente en la materia y fuera de ella, en una infinidad de idas y venidas entre lo material y lo inmaterial, entre lo inmediatamente perceptible y lo imperceptible, entre lo visible y lo invisible.*

Todo esto significa que cualquier ser, en su esencia más profunda e íntima, en su naturaleza inicial de entidad vibratoria, está en perpetua mutación, en estado de transformación casi permanente, lo cual no deja de recordar la citada «impermanencia» de ciertas tradiciones religiosas orientales[6].

En esta enseñanza de los Seres de Luz sobre la verdadera naturaleza del fenómeno terrenal de la muerte, otra referencia importante del mundo material se hace añicos: el concepto tradicional de *espacio-tiempo*. Desde el momento en que integramos la realidad de diferentes dimensiones que permiten que se perpetúe la vida, de diferentes esferas de realización, de estados vibratorios independientes de cualquier connotación material, las sacrosantas definiciones de tiempo y de espacio pierden una gran parte de su credibilidad. Es evidente que la ciencia de los hombres, mantenida como referencia inevitable por los defensores de un ferviente materialismo, no ha integrado las enseñanzas de la Luz —esto deberá ser motivo de preocupación en su debido momento, ya que todo tiene un significado—; pero la cuestión fundamental será saber por qué se deja a la mayor parte de la humanidad en la ignorancia de los poderes de la Luz.

---

6. Bernard Baudouin, *Le bouddhisme, une école de sagesse,* editorial De Vecchi, 1995.

Las razones de la muerte

Salvo en los casos muy específicos de accidentes causados por una concurrencia inesperada de circunstancias, casi todas las muertes que sobrevienen cada día son el resultado de «contratos de existencia» que llegan a su fin, de procesos de evolución terrenal que se cumplen, que ya no necesitan continuar manteniendo el *vehículo de manifestación* que servía de soporte a la vida en la dimensión terrenal.

Los Seres de Luz aclaran que la llegada al mundo de la materia corresponde a una especie de viaje destinado a vivir un cierto número de experiencias. Algunos emprenden un largo viaje en función de la cantidad y de la dificultad de las experiencias que tendrán que vivir, otros necesitarán menos tiempo, porque ya han vivido muchas experiencias en otros planos de realización.

En el caso de vidas terrenales que son relativamente cortas, se trata de trayectorias dedicadas muchas veces a un simple perfeccionamiento en un ámbito concreto, o bien a terminar simplemente una experiencia que no pudo ser acabada en una encarnación precedente, debido a una «partida» precipitada o, incluso, a un fracaso imprevisto.

Esto es lo que explica las variantes que pueden darse de una vida a otra en las trayectorias humanas.

La vida fuera del cuerpo

Inmediatamente después de la muerte terrenal, la entidad que acaba de abandonar su envoltorio carnal cambia de dimensión, pasa a un plano vibratorio diferente, entra en otra esfera de realización en la que su dinámica de vida se perpetúa. En el momento de la muerte corporal, el espíritu entra en la confusión y pierde la consciencia de sí mismo, de manera que nunca es testigo del último suspiro de su cuerpo. Poco a poco la confusión se disipa y el espíritu se reconoce, como el hombre que se despierta de un sueño profundo; su primera sensación es haberse librado de su carga carnal; a continuación percibe la visión del nuevo medio en el que se encuentra. Vive una situación parecida a la de un hombre al que anestesian para hacerle una amputación y lo transportan, durante su sueño, a otro lugar. Al despertar, se siente aligerado del miembro que le hacía sufrir; de igual modo, en un primer momento, el espíritu busca su cuerpo, lo ve a su lado, sabe que es el suyo y le sorprende un poco estar separado de él; sin embargo, poco a poco se va dando cuenta de su nueva situación.

En este fenómeno, sólo se ha producido un cambio de situación material; pero en lo moral, el espíritu es exactamente lo que era unas horas antes; no ha sufrido ninguna modificación significativa; sus facultades, sus ideas, sus gustos, sus inclinaciones, su carácter son los mismos; las modificaciones que puede experimentar tienen lugar gradualmente por la influencia de lo que le rodea. En resumen, sólo ha habido muerte para el cuerpo; para el espíritu, sólo ha habido sueño.

Una vez efectuado el cambio de mundo, la entidad no percibe aquello que entre los vivos parecía una separación. Al contrario, puede ver en su totalidad todo lo que ocurre en el mundo de la materia, hablar a sus seres más próximos, y hasta tocarlos en ciertos casos... como si el velo que separa estas dos realidades sólo fuera opaco por una de sus caras.

También se precisa que, en el momento de la separación del alma de su soporte corporal, el último pensamiento que tiene la entidad cuando se dispone a cambiar de nivel de existencia la propulsa hacia unos planos de consciencia que corresponden a lo que ha sido en su vida terrenal. El moribundo, cuanto más permanezca aferrado a la dimensión terrenal en su último suspiro, más obligado estará a acceder a planos limitados, que necesitarán que tome un nuevo camino suplementario para evolucionar.

De ahí el interés, para todos, de no mirar atrás, de no echar de menos la vida terrenal que finaliza, sino bien al contrario, de dirigir el último pensamiento de esta vida humana hacia delante, de convertirlo en un mensaje de esperanza y de amor dirigido al futuro, hacia la nueva dimensión en la que va a entrar..., en definitiva, hacia quienes van a acogerlo: los Seres de Luz.

ANTES DE UNA NUEVA ENCARNACIÓN
Una vez en el otro lado del espejo, ya en la dimensión que sucede inmediatamente al plano de encarnación terrenal, la entidad entra en una nueva fase de evolución. El ser se dirige a continuación hacia un plano de consciencia que corresponde a lo que en aquel momento es preciso, donde se toma un reposo e inicia un autoanálisis.

En efecto, debemos aclarar que, contrariamente a muchas ideas preconcebidas, no existen los castigos relativos a la existencia terrenal que acaba de terminar. El «juicio final» es una invención humana. La entidad es su único juez: ve toda su vida, la analiza y saca las conclusiones pertinentes. Tiene una visión muy clara del camino recorrido —las buenas y las malas acciones—, y lo que queda por realizar.

La cuestión principal es sacar las consecuencias y las enseñanzas de lo que ha ocurrido, de lo que se ha vivido, para pasar a la etapa siguiente e iniciar un nuevo periodo de trabajo personal y asiduo, esta vez sin cuerpo material para frenar o limitar la evolución. Por tanto, la realidad *pos-vida* es muy diferente en un individuo o en otro, según lo que cada uno es en realidad —fuera de la materia— y según su propia evolución.

Algunos han de pasar por el mundo astral por donde transitan numerosos espíritus; otros van directamente a su mundo de origen una vez cumplida la misión que se habían asignado y sus experiencias terrenales:

Para nosotros, vosotros estáis en un compartimento de espera de reencarnación en este mundo o en otros mundos. Cuando el alma ha sufrido demasiado en esta esfera, necesita un tiempo de reposo antes de poder continuar su misión en otras esferas o volver a esta tierra.

Esta fase dedicada a la introspección también sirve para reunir informaciones procedentes de otros planos, a fin de ser más fuertes en la próxima reencarnación. Con frecuencia, los guías acompañan a la entidad durante este trabajo personal, con el objetivo de que su preparación sea lo más completa posible. En los planos de lo invisible la entidad nunca está sola y siempre puede contar con los Seres de Luz para ayudarle a entender y asimilar los engranajes de la evolución, para iluminar su camino.

La reencarnación
Después de «vivir» nuevas experiencias fuera de la materia, llega el momento de prepararse para una nueva encarnación:

> Antes de encarnaros, programáis todo el trabajo, todas las experiencias, todas las vivencias que necesitaréis en este mundo para vuestra evolución. Todo está previsto a grandes líneas, sólo tenéis libre albedrío para decidir la manera en que viviréis las cosas. Las experiencias que tenéis que vivir están preestablecidas antes de vuestra encarnación.
> Si el día y la hora de vuestra encarnación están previstos, el día y la hora de vuestra marcha también lo están. Vosotros abandonáis este mundo de materia después de haber cumplido vuestro plan de vida, vuestro programa. Nada queda al azar, todo está previsto para vuestra evolución.

Así, antes de encarnarse nuevamente en un cuerpo en el mundo material, la entidad ya ha planificado su programa de vida, previéndolo todo en el tiempo y en la experiencia. Algunos seres incluso llegan a concebir la vida como un paso (que, de hecho, es la transferencia más difícil para el alma; mucho más dolorosa que la de la materia a la Luz). Este último es el caso de los bebés que mueren al nacer: la experiencia que tienen que vivir debe inscribirse bien en su plano de vida, o bien en el alma de aquellos que sufren esta dolorosa separación (este último caso se produce, fundamentalmente, para hacer evolucionar a sus padres, su entorno, y despertarlos a otra consciencia).

En definitiva, la encarnación de un alma en un cuerpo físico se efectúa casi como la entrada en una cárcel, un acto que comporta instantáneamente el olvido de todo lo que ha sido vivido anteriormente en distintos planos de existencia; esto es así para que la vida terrenal pueda llevarse a cabo y realizarse totalmente:

> En el momento de la concepción del cuerpo destinado al espíritu, este es presa de un flujo que, de un modo parecido a una atadura, lo atrae y lo lleva a su nueva morada. A partir de entonces pertenece al cuerpo, como el cuerpo le pertenece hasta la muerte de este último; sin embargo, la unión completa, la toma de posesión real, sólo tiene lugar en la época del nacimiento.
>
> A partir del momento de la concepción, la confusión se adueña del espíritu; sus ideas se confunden, sus facultades se aniquilan, y la confusión va en aumento a medida que la atadura se aprieta; es completa en la última parte de la gestación; de modo que el espíritu nunca es testigo del nacimiento de su cuerpo, como tampoco lo ha sido de su muerte: no tiene ninguna consciencia de ello.
>
> A partir del momento en que el niño respira, la confusión se disipa poco a poco y las ideas vuelven gradualmente, pero en otras condiciones que al morir el cuerpo.
>
> En el acto de reencarnación, las facultades del espíritu no son simplemente absorbidas por una especie de sueño

momentáneo, como en el retorno a la vida espiritual, sino que todas, sin excepción, pasan al estado latente. La vida corporal tiene por objetivo desarrollarlas mediante el ejercicio, pero todas pueden hacerlo simultáneamente, porque el ejercicio de una podría perjudicar el desarrollo de la otra, mientras que, con el desarrollo sucesivo, se apoyan una en otra.

Por tanto, es útil que algunas permanezcan en reposo, mientras otras crecen; por eso, en su nueva existencia, el espíritu puede presentarse bajo un aspecto totalmente diferente, sobre todo si está más avanzado que en la existencia anterior.

Se puede considerar que todas las facultades y las aptitudes del futuro individuo están en forma de germen en el espíritu desde el primer instante de la creación del nuevo cuerpo, aunque, ciertamente, de un modo embrionario, a imagen de los futuros órganos, pero bien presente y ya portadoras de todos los potenciales de realización del ser durante la encarnación que comienza.

Las vidas sucesivas

Cuanto más crece el ser en su nuevo cuerpo, más se manifiestan sus facultades, aunque, naturalmente, siempre en relación con la posición que el espíritu debe ocupar en el mundo y, sobre todo, con las dificultades que ha elegido, el camino de vida que ha decidido asumir.

A medida que la encarnación se desarrolla, la entidad mantiene en todo momento su libre albedrío en cuanto a la manera en que las cosas pueden ocurrir y los hechos sucederse: las cartas están servidas, pero cada uno puede jugar la partida como mejor crea. Esto significa que en todo momento el individuo es dueño de su trayectoria, y se puede acomodar mejor o peor a la opción de vida que hizo antes de ir a tomar un nuevo envoltorio corporal, tal como dicen y repiten frecuentemente los Seres de Luz:

> Estar en la Tierra es experimentar la libertad de seguir o no el camino de uno, es descubrir este camino a través de los acontecimientos y las dificultades, es darse cuenta de que tenéis un camino escrito en vuestro interior[7].

Finalmente, cuando, después de varias encarnaciones, la entidad esté muy evolucionada y suficientemente en la Luz, podrá acceder al papel de guía, convertirse en un maestro espiritual, y mediante la plegaria y la fuerza del amor ayudar en todos los planos inferiores, ya sean materiales o no.

La ilusión de una realidad exterior

La sucesión de las encarnaciones conduce al hombre no sólo a tener la experiencia de la materia, sino también la de su propio poder y la de su libertad.

Los Seres de Luz acompañan al individuo en su trayectoria, a fin de hacerle comprender la realidad de su ser:

> Somos la parte de vosotros mismos que vive en la Luz, la parte de vosotros mismos que está ahí, que os mira, que os acompaña, que os recuerda vuestra verdadera naturaleza, que os recuerda de dónde venís[8].

De hecho, pese a que en el primer grado unen el hombre a la materia, los múltiples regresos a un cuerpo físico destacan visiblemente la ilusión del cuerpo y de la realidad exterior: se

---

7. J. L. Abrassart, *Opus cit.*
8. J. L. Abrassart, *Opus cit.*

pone en evidencia que, a lo largo de todas las existencias, el cuerpo no es más que un «soporte», un modo de realización en el universo material, y al fin y al cabo una ínfima parte del ser —perecedera, descartable, sustituible—, mientras que lo esencial perdura al margen de las constricciones de la materia.

Sin embargo, mediante la reencarnación, el hombre olvida durante un tiempo de dónde viene, debido a su inserción profunda en la materialidad, pero olvida, sobre todo, que este cuerpo físico sólo es la pequeña parte visible de su inmensidad real. Lo mismo ocurre respecto a todo lo que vive durante la encarnación, que no es más que una ínfima parte de la totalidad de su existencia, de lo que ha vivido, y de lo que todavía tendrá que vivir más adelante para evolucionar.

Por consiguiente, al mismo tiempo que la existencia terrenal sigue su curso, toda encarnación vivida en la apertura a los Seres de Luz y a su reconocimiento toma la orientación de una vía de separación de la materia.

Aceptar la parte de Luz que hay en uno mismo lleva a relativizar mucho la vida material y, sobre todo, lleva a reconocer y admitir que nuestra existencia verdadera no tiene límites, no tiene un marco, material o no, suficientemente grande como para contener su infinita riqueza.

De ello se deriva una perspectiva y un distanciamiento que nos revelan que somos mucho más que lo que imaginábamos antes, mucho más que unos cuantos criterios materiales que hasta entonces nos servían de referencias en la vida diaria.

De ahora en adelante, los Seres de Luz nos conectan con nuestra realidad más profunda e inmediata, la más intemporal, que, de pronto, se convierte en mucho más interesante y más llena de promesas que esta ilusión de una realidad material y exterior, terriblemente constrictiva y minimalista, que nos habían enseñado en la escuela.

Ya no miramos y nos abrimos solamente al mundo exterior que nos envuelve, sino que consideramos nuestro devenir en el universo fascinante de la Luz. Entonces comprobamos que el poder que creíamos tener, y que se expresaba en el mundo exterior, es, en realidad, tan sólo una ínfima parte de nuestro poder real. Como reiteran los Seres de Luz, nuestras capacidades son más amplias de lo que parece en la tercera dimensión. Pueden resumirse en esas palabras cargadas de significado:

> No os identifiquéis con el mundo exterior: vosotros venís de mucho más lejos[9].

---

9. J. L. Abrassart, *Opus cit*.

Las condiciones de la evolución humana

Una vez planteados los criterios que definen —o, mejor dicho, redefinen— la condición humana, a la vez desde el punto de vista del individuo y de todos aquellos que le rodean, hay que tratar de lo que da un sentido a cada trayectoria, a su evolución.

Una revelación, un descubrimiento, un aprendizaje no adquiere su dimensión real hasta que no es integrado en la vida de cada día, en la cotidianeidad del ser encarnado en su destino social y familiar, así como en los momentos de soledad.

Ocurre lo mismo, evidentemente, cuando de pronto se nos revela la existencia de los Seres de Luz, cuando esa existencia nos entra de golpe en la consciencia y trastorna nuestro presente. ¿De qué otro modo podría ser, si medimos la amplitud del replanteamiento que se produce entonces? Porque no se trata de un simple detalle confirmado por tal o cual demostración, es decir, de una parte de saber que se nos ofrece en un determinado momento, sino de una auténtica «iniciación espiritual» de la dimensión de nuestra humanidad, que afecta a cada parcela de nuestro ser y de nuestros pensamientos más íntimos.

La evolución del hombre se medía hasta entonces en términos de sociabilidad, de éxito personal, de adaptación a las normas de una comunidad de pensamiento; a partir de ahora, si nos atenemos a la enseñanza dispensada por los Seres de Luz, todos los conceptos y las referencias que ayer canalizaban nuestra existencia van a ser sustituidas por preceptos de otra naturaleza, esencialmente dedicados a la emergencia de la Luz en cada ser.

El cuerpo de Luz

Una vez alcanzada una consciencia muy elevada, correspondiente a un nivel de dominio avanzado, el ser humano puede disponer de «su cuerpo de Luz» de varias maneras.

La primera es evidentemente en su esfera de existencia actual, para dar otra dimensión a su vivencia cotidiana. Pero también puede viajar con su cuerpo de Luz, puesto que las barreras de lo material han dejado de ser obstáculos.

Para ello le basta con cambiar, a través de la Luz, la frecuencia vibratoria de su cuerpo físico, lo cual se puede realizar desde el mismo momento en que se comprende que en el universo de la Luz todo es posible. Entonces, una serie de fenómenos considerados hasta el momento como altamente improbables, como la bilocación o la desmaterialización, resultan accesibles a la persona, hasta el punto de que especialistas en la materia afirman que ciertas desapariciones sólo tienen, en realidad, una lejana relación con la muerte física, y que más bien estarían relacionadas con fenómenos de cambio de frecuencia vibratoria que han provocado el paso a otro estado de consciencia, a otra esfera de existencia.

Esto viene a decir que lo impensable ayer era solamente la imposibilidad de ver, percibir, sentir y notar, y sobre todo de expresar plenamente todos nuestros potenciales.

Para ser más precisos, debemos saber qué es exactamente la elevación de la frecuencia vibratoria que permite crear el cuerpo de Luz. En efecto, se necesita acceder a unos índices vibratorios muy elevados, de la cuarta o quinta dimensión, para crear verdaderamente y de manera duradera un cuerpo de Luz.

Una vez más, volvemos a lo que se impone como una tarea esencial y primordial reservada al hombre, es decir, servir de conductor, de catalizador, para transformar todas las vibraciones más bajas (próximas a la materialidad) en vibraciones etéreas propias del universo de Luz.

El cuerpo del hombre se convierte en un instrumento de revelación, para serlo él mismo y a la vez para todo lo que le rodea, lo que contempla, lo que encuentra. Entonces el hombre se descubre de pronto y por completo como un *vector de Luz*, capaz de influir en todo lo que existe con su propia voluntad, con la única presencia de su cuerpo de Luz que irradia literalmente a su alrededor, como un faro que ilumina los meandros oscuros de la materialidad.

Evidentemente, este descubrimiento y esta afirmación progresiva del cuerpo de Luz se llevan a cabo con los Seres de Luz que están ahí para iluminar el camino, para animar a quien quiere progresar franqueando barreras mentales e intelectuales de modo que pueda ir más lejos en la revelación de su propia dimensión luminosa.

Este trabajo no es sencillo y puede resultar doloroso ya que, a la larga, hay que renunciar a todos los valores y todas las enseñanzas que nos han sido dispensados en el universo de la materialidad: se trata de otra dimensión de la vida, de otro cuerpo, que, en la realidad de la Luz, no tiene más que una lejana relación con el cuerpo de carne que hasta entonces considerábamos como nuestra única realidad.

Para quien quiera avanzar rápidamente por esta vía de revelación de su cuerpo de Luz, los Seres de Luz envían guías especialmente destinados para esta misión, que facilitan el trabajo, orientan la evolución, ya sea a través de los sueños, de señales emitidas en cualquier momento del día, o bien mediante encuentros particularmente oportunos cuando llega el momento de franquear una nueva etapa. En otras palabras, ofrecen todas las facilidades a quien desea realmente extraerse de su cuerpo carnal —aunque sin renunciar a él, ya que toda encarnación tiene un sentido profundo y toda vida tiene una programación que debe ser asumida— con el objetivo de desarrollar y perfeccionar su propio cuerpo de Luz, que de ahora en adelante le servirá de *vehículo* para llegar a las esferas de realización más elevadas.

Ser un Ser de Luz

Esta nueva visión de la vida material, del cuerpo humano en su realidad más amplia, lleva al ser a darse cuenta de que su existencia, de la manera que él la considera, no tiene nada de ordinario. Sino más bien todo lo contrario, tal como nos demuestran y nos explican con infinita paciencia los Seres de Luz. Es evidente que es una existencia «extra-ordinaria».

¿Cómo podría ser, si no, cuando uno se da cuenta, por fin, de que cada individuo, en su capacidad de acceder al universo de la Luz con su única voluntad, es en realidad un Ser de Luz que se ignora a sí mismo?

Es cierto que hay un camino de iniciación a seguir, unas etapas que deben ser franqueadas, unos niveles de consciencia que deben ser alcanzados, unos estados vibratorios a los que se debe acceder, pero al fin y al cabo está claro que todo esto no sería posible si el ser humano no fuera ya potencialmente, originalmente y sin tener consciencia de ello, un Ser de Luz portador de todas las características inherentes a la dimensión cósmica más etérea.

Así, cada ser humano es mucho más que ordinario, aunque su apego a la materia no lo deja entrever. Sólo depende de él que tome perspectiva en relación con la energía terrenal, para elevarse hacia las esferas de existencia superiores y afirmarse cada día un poco más como *portador de Luz*.

La opción de la Luz

Descubrir que se es un Ser de Luz puede provocar innumerables reacciones e interpretaciones. En ciertos casos, esta fase de revelación y aceptación no se produce sin bloqueos ni dolores. Pero para quien lo admite y lo integra en su propia consciencia, se le hace rápidamente evidente que todas las trayectorias humanas, en su materialidad más inmediata, en sus vagabundeos culturales y sociales, en realidad son caminos hacia la Luz.

Esto significa que la vida diaria es una vía de revelación que conduce a cada uno, según su propia evolución, hacia el encuentro con el significado profundo y la densidad real de su existencia. Porque, tal como nos enseñan los Seres de Luz, el individuo es quien toma, él solo, la decisión de «optar por la Luz».

Recordemos, en efecto, que *nada viene dado, sino que todo está por tomar* por parte de quien desea realmente elevarse y subir los peldaños de una consciencia sin constricciones, que se revela sin límites.

Esto nos conduce, curiosamente, al concepto del «libre albedrío» tan apreciado por ciertas familias espirituales que se presentan con la pretensión de ser filosofías de vida.

Es inevitable constatar que el hombre es el único a quien corresponde dar un significado y una orientación a la vida. Quienquiera que mire hacia su pasado tiene que reconocer que todo lo que le ha ocurrido es el resultado de decisiones personales tomadas en un momento u otro, asumidas con más o menos comodidad, y que todas han forjado una existencia diaria confrontada con los condicionantes y los riesgos propios de una determinada sociedad en una determinada época.

Ocurre lo mismo en relación con la Luz, con la diferencia de que tomar el camino de la Luz tiene mayores repercusiones que cualquier otra opción que haya tomado la persona anteriormente, ya que las incidencias propias de esta nueva orientación estarán más cargadas de sentido.

Ya no se trata de decantarse por una u otra solución contenida en mayor o menor medida en un marco material, sino de tomar opciones inmateriales e intemporales, que implican al ser en su dimensión cósmica, en unas transferencias vibratorias de una fuerza considerable. Dicho de otro modo, la partida que se juega a partir de ahora no tiene nada que ver con aquellas a las que estábamos acostumbrados. Es cuestión de campos vibratorios, de Luz revelada, de relaciones entre entidades al margen de la materia...

Vivir la Luz

Al principio, al aproximarse a la Luz, el contacto con esta es, con frecuencia, esporádico, episódico; no se dilucida gran cosa y el vínculo pocas veces es permanente.

Pero, poco a poco, se establece con más frecuencia, a medida que se desarrolla un auténtico «puente» entre el individuo y la Luz. Precisamente por este puente, los guías y los Seres de Luz van en adelante a desarrollar y enriquecer su contacto con el individuo.

De lo que se trata es de aprender, ni más ni menos, a «vivir la Luz», igual que hicimos desde pequeños en el mundo de la materia. Con la diferencia de que esta vez, teniendo en cuenta nuestras adquisiciones psicológicas e intelectuales, la adaptación será mucho más rápida.

Y, de hecho, es más sencillo de lo que parece a primera vista, ya que lo que el ser descubre en primer lugar es que, sin darse cuenta, él ya llevaba una doble existencia. Es decir, hasta entonces estaba en contacto con la materia, tal como se lo mostraban sus cinco sentidos, pero también en contacto con la Luz, sin que tuviera consciencia de ello.

En efecto, una de las primeras cosas que nos revelan los Seres de Luz es que una parte de nosotros mismos, la más concreta y visible, vive en la materia; y la otra parte, la menos perceptible y palpable, lo hace en esta Luz original. Ahora bien, esta segunda parte de nosotros mismos, la más íntima, la más oculta, la más secreta, la que está perpetuamente en contacto con la fuente de todas las cosas, poco a poco se va a ir desarrollando, cada día va a ganar en importancia hasta llevarnos a una consciencia plena y completa, y, sobre todo, permanente, sobre esta Luz que irradia toda nuestra vida.

A partir de entonces, vivir la Luz consistirá en tener una consciencia permanente de la Luz, no solamente en los momentos de meditación o de fuerte introspección, sino también en cada instante de la vida, de día y de noche, independientemente de nuestros pensamientos y nuestras ocupaciones.

Pero también existe un componente de revelación, ya que descubrir que una parte de nosotros mismos siempre ha estado en la Luz —aunque sea de forma sumergida— no es un asunto menor. Significa, simplemente, que no tenemos que conectarnos a la Luz... porque siempre lo hemos estado. Sin ser conscientes nunca hasta aquel día, siempre hemos vivido en la Luz, casi sin saberlo.

A partir de entonces, la aclimatación al mundo de la Luz resulta mucho menos difícil. Ciertamente tendremos que revisar nuestra concepción del mundo y adaptar nuestra consciencia a unos parámetros nuevos, pero lo esencial ya está hecho: ahora ya sabemos que la relación que tenemos con la Luz es efectiva.

A partir de ahí, lógicamente, cuanto más consciente se es de la presencia de la Luz, más se avanza en su dirección, y más se convierte uno en Ser de Luz. Asimismo, se relativizan las relaciones que se tienen con el mundo de la materia y se tiene menos necesidad de una forma corporal para sentir la existencia, para tener la sensación de *ser* y de *hacer*.

Cuando se «vive» la Luz, se está volcado en la transformación interior que se produce en nuestro interior, que transmuta, poco a poco, nuestra existencia desde las referencias físicas a las referencias luminosas, siempre manteniendo una vinculación básica que nos permita continuar moviéndonos por las esferas materiales propias de nuestra encarnación del momento.

Ahora, en cambio, se trata de continuar existiendo con una forma, porque es esta la que temporalmente será el vehículo de nuestro ser; pero se trata de una forma mucho más flexible, que integra la transformación interior en curso, y cuyo primer objetivo se localizará en la Luz y no ya en el mundo exterior.

El camino de la Luz

Emprender el camino de la Luz es aceptar que se emprende otra vida. Es el inicio de otra etapa. Este camino, que cada uno de nosotros puede tomar, lleva al encuentro de los Seres de Luz. Es un camino que conduce a quien lo toma a expresar su propia verdad para encontrar lo que es. Este es el objetivo de la vida de cada persona.

El camino de la Luz revela que lo que se vive no es más que el pretexto para ser uno mismo y que en cada ser hay, profundamente arraigada, una entidad luminosa que sabe hacia dónde va, que conoce el significado de las cosas y de los seres, y del universo en su conjunto… simplemente porque está conectado permanentemente con este. Caminar por esta ruta es vivir una iniciación de todos los instantes.

La vida es una elección. No hay ninguna obligación real respecto a lo que cada ser vive en su vida cotidiana.

De la misma manera, la Luz es una elección. La dificultad para efectuar esta elección se debe al hecho de que es difícil captar hasta qué punto somos seres divinos, creadores:

> La carencia que tenéis en vuestro interior es el recuerdo, la nostalgia del Todo que habéis sido y que es la que os lleva hacia el Todo.

[...] en el lugar del que venimos, en el lugar al que vais, no hay otra cosa que el Todo, el Todo que se basta a sí mismo.

[...] El mundo en el que os encarnáis no está hecho para acogeros, está hecho para que hagáis en él vuestro camino, para que os encontréis y para que regreséis a nosotros habiéndolo elegido con total libertad, para que elijáis regresar al lugar del que venís, conscientemente[10].

Una dinámica de evolución personal

Todos los pensamientos, todas las angustias, todas las proyecciones mentales presentan una manifestación muy real; forman una especie de película, una condensación de nuestra existencia, con su historia y sus consecuencias. Por eso es primordial modificar nuestros pensamientos, pensar bien y en positivo. Porque, en definitiva, en detrimento de los riesgos de la materia, todo es Luz, todo es felicidad, todo es sol, todo es amor. La grandeza y la evolución de un hombre se miden por su capacidad para pensar justo y positivo.

La evolución adquiere en sí misma otra dimensión a partir del momento en que nos conectamos a la Luz. Para cualquier individuo, independientemente de su cultura, su trayectoria y sus experiencias, todo es posible por poco que acepte replantearse y entender la realidad del universo —mucho más que material— en el que evoluciona.

La evolución sólo tiene un significado verdadero si es personal. Es decir, cuando cada uno es responsable de su propia dinámica, de lo que insufla a su existencia y, por consiguiente, de lo que resulta en su vida cotidiana. En este estadio, es esencial saber por qué se hace lo que se hace: ése avanza para

---

10. J. L. Abrassart, *Opus cit.*

dar o para recibir?, ¿para servir o para ser servido?, ¿manteniéndose abierto o cerrado?

Pues bien, todas las respuestas están en el fondo de uno mismo, ya que los Seres de Luz insisten en que el diálogo con el ser más profundo de cada uno es lo que permite que se haga la Luz, que es la clave de toda evolución.

Cuando el proceso de transformación se ha puesto en marcha, nada puede pararlo. A partir de ese momento, aunque sea con infinita lentitud, el cambio se produce. Para ello, es suficiente con aceptar hoy lo que ayer parecía inaceptable, y que, sin embargo, será la realidad de mañana.

Poco a poco la idea de que la vida es infinita se abre su camino en el laberinto de los pensamientos habituales, de los saberes aprendidos concienzudamente, de las presiones culturales y sociales. Al espíritu humano le hace falta un cierto tiempo para admitir y asimilar que es cósmico.

Lo que parece claro es que cada uno, independientemente de su nivel y de su evolución personal, puede llevar a cabo esta transición saludable, puede sobrepasar las obligaciones materiales para acceder a esta otra realidad de la existencia. Es allí, en el interior, en lo más profundo del individuo, donde todo tiene lugar. Y no en los meandros de lo social o de lo material. La Luz está allí. La verdadera fuerza del ser está allí, a la espera de ser utilizada. Pero, para ello, se debe aprender primeramente a reconocerla. Ahora bien, en la mayor parte de los casos, antes de que nos sea revelada la existencia de los Seres de Luz, nunca hemos sabido utilizarla, simplemente porque nadie no nos ha dicho nunca que estaba allí.

Así pues, de esta manera entramos en una era de transición. En una transformación destinada a elevar la consciencia del hombre hasta la percepción plena y total de la Luz, que está en él permanentemente, la percepción de esta fuerza en estado latente —ilimitada según nos dicen los Seres de Luz— que a partir de ese momento podrá guiar e iluminar su trayectoria.

La otra cara de la evolución

Aceptar la propia naturaleza intrínseca del Ser de Luz significa tomar el camino que conduce a una evolución personal que solamente tiene una lejana relación con la evolución que habíamos seguido anteriormente.

Pero también hay que saber que esta trayectoria del despertar no concierne únicamente al ser individual: implica al individuo en un movimiento más amplio que anima al mundo en su conjunto. El ser está allí para asumir su propia trayectoria, pero también al mismo tiempo para participar en la evolución y en la transformación de toda la humanidad.

Así, todo lo que le ocurre a cada ser tiene un significado para él mismo y para el conjunto de la comunidad de hombres y mujeres que viven en este planeta. Todo se sostiene en conjunto, nada está aislado.

El despertar se vive tanto individual como colectivamente. Al nivel que sea, todo tiene un significado, una razón de ser, un devenir, de modo que cada uno procede a realizar su propia evolución y a la de todos los seres. Esta es la ley de esta Luz accesible a todos y en la que están implicadas todas las entidades de los diferentes mundos y de todas las esferas de realización.

Un solo objetivo: la transformación interior

De la revelación de la presencia de los Seres de Luz se desprende que existe otra enseñanza además de la que nos ha sido dada desde nuestra infancia. Los Seres de Luz son sus portadores, los bienaventurados y generosos dispensadores.

Más que simples guías, los Seres de Luz son, en realidad, los iniciadores, los reveladores de una realidad más simple y rica que aquella en la que nos debatíamos hasta entonces.

Y como la transformación debe ser interior, la enseñanza dispensada por los Seres de Luz también es, esencial y prioritariamente, *interior,* reservada a los estratos de la consciencia más ocultos de nuestro ser, a los más camuflados frente a las miradas de todos aquellos que nos rodean y nos acompañan en nuestra vida terrenal.

Está claro, desde ese momento, que el objetivo de una trayectoria humana ya no puede ser en primer lugar el éxito familiar o profesional, ni tampoco la mera satisfacción de los deseos y placeres físicos y materiales, sino al contrario una transformación interior profunda y real, que a partir de ahora deberá regir todas las decisiones y los posicionamientos del individuo en el universo de la materia:

> Las metas en el mundo exterior son de corta duración. Vuestra evolución se esta produciendo desde hace mucho tiempo. Nosotros estamos allí para seguir vuestra evolución, vuestra transformación. Lo que os transforma es vuestra práctica de la enseñanza. Después, de vosotros depende lo que escojáis, de vosotros depende notar la energía que debéis dedicar al mundo exterior y la energía que debéis consagrar a vuestra transformación interior[11].

En definitiva, la transformación se opera como resultado del contacto con la Luz.

De manera que aquél que se abre a la Luz, aquél que se acerca a ella en sus pensamientos y sus actos, en sus acciones cotidianas, aquel que demuestra tener la mayor aceptación ante esta inagotable fuente de saber y de energía, está destinado a convertirse él mismo en Luz: un Ser de Luz acabado y realizado, liberado para siempre de las angustias de la incertidumbre y la angustia, de todos los dolores propios del universo de la materia.

---

11. J. L. Abrassart, *Opus cit.*

TERCERA PARTE
EL MITO DEL FUTURO

Cuando todas las referencias pasadas se tambalean, se muestran sin fundamento verdadero, conviene plantearse algunas preguntas: sobre el significado de esta existencia, de esta trayectoria humana perpetuada, día tras día, en las incertidumbres y los meandros de la materialidad.

Y luego aparece esta Luz. *La* Luz. La que de pronto ilumina cada detalle con una claridad perturbadora. La Luz que nos lo hace cuestionar todo, redefine el peso del transcurrir de las horas y de las decisiones, la profundidad de las relaciones humanas y las relaciones en el espacio o en el tiempo.

La Luz y sus Seres, guías impalpables y, sin embargo, tan presentes, ayer improbables, hoy inevitables, portadores de esta renuncia anunciada a la vida anterior.

Entonces surge una pregunta: ¿cómo salir indemne de esta revelación, de este encuentro, de este contacto mucho más que humano? Porque si es cierto que la Luz ilumina y fascina, también lo es el hecho de que consume nuestras viejas creencias.

Una vez superado el pasado, el presente se presenta con nuevas reglas; ya sólo nos queda volvernos hacia el futuro.

A menos que el futuro tan sólo sea, a pesar de nuestras esperanzas, una visión del espíritu heredada de nuestras antiguas convicciones: un mito surgido de la profundidades del tiempo… que espera que la Luz nos venga a salvar.

Un mundo en mutación

Volvamos a lo concreto, a lo más inmediato, a este mundo que nos rodea, nos envuelve, nos rebosa por todas partes.

He aquí, adonde nos lleva nuestra mirada, nuestras percepciones auditivas y olfativas, adonde nos conduce nuestro saber y nuestra consciencia, y hasta donde se extiende nuestro universo. No sólo el universo que nos ha visto nacer, sino también aquel en el que hemos crecido y donde ha sido necesario encontrar un lugar, aquel que validamos y contribuimos a desarrollar a lo largo del tiempo.

A nuestra imagen y semejanza, este mundo está en perpetua mutación (¿o quizá es a la inversa?), hasta el punto de que parece que esté habitado por una vida total. Es cierto que a veces muestra todas las señales de la respiración, que parece transpirar, eructar, encolerizarse, soplar o temblar agitadamente. Le duelen los océanos, se le queman los bosques, le salen ciclones, llora lava, o sirve simplemente de refugio a nubes de hombrecillos que pueblan todos sus relieves.

Este mundo vive a su ritmo, que es idéntico para todo lo que contiene, aunque cada uno le da una dimensión y una definición particulares. Se quiera o no, el tiempo fluye segundo a segundo (por lo menos en esta dimensión), encadenando imperturbablemente los días y las noches, con una regularidad que algunos consideran desconcertante, pero que la sacrosanta ciencia oficial explica con mucha simplicidad.

Este es pues el mundo en el que vivimos, en donde parece que todo marcha viento en popa, al menos aparentemente, porque si hay una palabra, una sola, que caracteriza este mundo mejor que cualquier otra, esta es: *apariencia*.

Un mundo de apariencias

El panorama que se presenta ante los ojos de quien observa el mundo actual, a comienzos del siglo XXI, con honestidad y dejando al margen toda complacencia, carece de ambigüedad.

En primer lugar, nuestro mundo nunca antes había alcanzado un nivel tan alto de desarrollo, una complejidad tan organizada. Actualmente la vida se basa en la utilización de adelantos científicos-técnicos que no admiten comparación con lo que conocieron nuestros antepasados.

Las tecnologías más avanzadas han revolucionado los intercambios, las transferencias de materias y de conocimientos. El tiempo y el espacio son en parte comprimibles al gusto personal; los medios técnicos puestos al servicio del hombre han multiplicado las posibilidades en casi todos los ámbitos.

La ciencia ha permitido mejorar considerablemente las condiciones de la existencia en todos los ámbitos, ha ampliado los límites de la vida. También ha abordado campos de experimentación hasta ahora insospechados, superando en muchos casos las fronteras y las prohibiciones de las costumbres de otras épocas.

Explorando nuevos horizontes, los pueblos han descubierto nuevas riquezas y nuevas ambiciones; unos se han convertido en modelos para otros, y han concurrido en el despertar de todos. Las artes y las culturas han cruzado océanos, en una fabulosa globalización, liberando las mentes y las esperanzas.

Unos países se han convertido en dominantes incontestables, mientras que otros han tenido que padecer para poder afirmar su identidad. Las horas sombrías de las herejías y de las cruzadas estériles, y las de los conflictos planetarios, han dado paso a unos acuerdos y unos tratados que tienen por objeto respetar los derechos de todos e imponer los deberes de cada uno. Las comunidades han llegado a los derechos de ciudadanía en el vasto concierto de las identidades múltiples.

Estas son las conclusiones, claramente positivas, de quienes se fijan en las apariencias más inmediatamente perceptibles, que ilustran, según ellos, la evolución de nuestro mundo y el imparable avance de la humanidad que vive en él.

Este es también el ejemplo más ilustrativo de la distancia que hay casi siempre entre la apariencia y la realidad, porque es evidente que nuestro mundo no se resume en esta visión idílica y excesivamente aséptica de la evolución humana.

El fin de una civilización

Por poco que se rasque en el barniz de las apariencias, en cuanto se abandonan los discursos de autocomplacencia y las ilusiones recurrentes de los medios de comunicación, la realidad que se nos ofrece es mucho más elocuente en algún otro sentido.

Si en lugar de interesarnos sólo en las realizaciones más llamativas miramos la globalidad de nuestro mundo, tendremos que constatar que no todo va tan bien como algunos parecen creer.

Los recursos naturales están siendo sistemáticamente saqueados en todas partes, el derroche causa estragos. Muchas personas mueren de hambre y de sed. Otros se matan entre ellos durante décadas, sin que nadie consiga poner fin a unas situaciones indignas de una civilización pretendidamente adelantada o nadie lo desea verdaderamente.

Las agresiones que el hombre realiza contra el planeta son infinitas; en poco tiempo se habrá consumido todo el petróleo, la deforestación avanza, el agua será el gran problema del mañana, el desierto gana kilómetros en muchas regiones, la contaminación aumenta en las ciudades y amenaza la capa de ozono, los océanos están contaminados, cientos de especies desaparecen año tras año.

En este mundo, que algunos consideran como un modelo en comparación con las civilizaciones pasadas, puede ocurrir que los balones deportivos sean cosidos por niños explotados y hambrientos, para luego ser adquiridos a precio de oro para contentar a unos privilegiados. También puede suceder que un país se proclame defensor de los derechos humanos y, al mismo tiempo, sea uno de los grandes vendedores de armas del planeta, o que otro país decida, en contra de la opinión general, ir a masacrar a un pueblo por unos barriles de petróleo.

Y qué decir de los Estados que, prescindiendo de la confraternidad entre los pueblos, llevan a cabo guerras económicas sin piedad que causan hambrunas a unos y reducen al rango de esclavos a otros, olvidando a una parte de la humanidad en una miseria sin límite que dice muy poco a favor de la dignidad del hombre.

¿Y de esas generaciones de niños abandonados en las calles asiáticas o sudamericanas?, ¿o de aquellos privados de la alfabetización más elemental en los países más atrasados del mundo o, peor aún, de los que mueren de hambre a las puertas de Europa?

Cuando nos referimos a nuestro mundo, a la consciencia de nuestro mundo, es de todo esto de lo que hay que hablar, todo esto es lo que hay que tener el valor de mirar.

Si hay que hacer un balance, si se puede sacar una enseñanza, tiene que ser desde una perspectiva general. Y en este caso, el resultado no alcanza la nota mínima. La sociedad y el mundo suspenden estrepitosamente.

Ningún descubrimiento, ningún adelanto de la ciencia, ningún progreso tecnológico tienen verdadero sentido si no tienen un alcance real para toda la humanidad, es decir, si se olvidan al hombre por el camino.

Ahora bien, miremos donde miremos, el tema es el siguiente: el abandono de los valores más esenciales de la dignidad humana.

Esto nos lleva a creer que efectivamente vivimos el fin de una civilización, que si bien ha tenido momentos de esplendor y en sus realizaciones se ha elevado hasta altas cumbres, actualmente presenta la imagen marchita de un universo delicuescente, cuyos valores de referencia son las relaciones de fuerza, el dinero y las realizaciones materiales.

Está claro que una civilización que se olvida de las personas no tiene futuro… porque el futuro de una civilización son precisamente las personas.

Esto también significa, evidentemente, que tenemos el mundo que nos merecemos, que hemos construido, que hemos ido creando y hemos dejado que se desarrollara.

Una era de purificación

La constatación es terrible, pero tiene el mérito de tener en cuenta el conjunto de los datos del problema, y no únicamente los parámetros positivos como les gusta hacer a muchos analistas y especialistas de la comunicación.

Además, también tiene la ventaja de entreabrir la puerta a la que puede ser la única oportunidad que tenemos para no caer en la destrucción total, en una aniquilación progresiva de las fuerzas vivas de la humanidad, de la que, de hecho, ya vemos los efectos día tras día.

Otra mirada al mundo

Si se mira con un poco de perspectiva el panorama que acabamos de describir, veremos que nada de todo lo que se dice es sencillo.

Sin embargo, por otro lado, también se puede mirar el mundo con otros ojos. Aquí es sin duda donde los Seres de Luz desempeñan un papel fundamental para con nosotros, pobres humanos como somos.

De hecho, si estudiamos atentamente las constataciones negativas del enunciado anterior, nos daremos cuenta de que este hace referencia, en todos sus extremos, a la parte del hombre sujeta a la materia: las derivaciones y las exacciones mencionadas son el resultado de situaciones que encuentran su expresión en el universo material.

Ahora bien, todo lo dicho hasta el momento sobre la realidad de la vida humana, de su posible evolución, se refiere a la fuente de toda la vida, a saber: el universo de la Luz.

Es obligatorio constatar que no estamos hablando de lo mismo: estas dos visiones expuestas no se sitúan en el mismo plano. Y esta es quizá, en definitiva, la última oportunidad que tiene el hombre si, de verdad, quiere conseguir salvar su mundo de una destrucción que a día de hoy parece estar programada.

Volver a centrarse en el hombre

En esta obra hemos hecho alusión, repetidamente, a la necesidad que tiene el hombre de volver a centrarse en su entidad más profunda, en esta energía que alimenta en él la fuerza de la vida.

Nos hemos referido abundantemente a la parte de Luz que hay en cada individuo, que hace de cada uno un ser a la vez único y valioso, antes incluso de cualquier implicación en el universo de la materia.

Ahora, de lo que se trata es de volver a esta dimensión del hombre, de volver a colocarlo en el centro de la vida de su mundo, y no a remolque de manifestaciones materiales que tienen por efecto su desnaturalización.

Los Seres de Luz no cesan de recordarnos que el futuro de la humanidad está en el hombre, y no en las realizaciones materiales y temporales, por muy brillantes y revolucionarias que sean.

Insisten en el hecho de que el distanciamiento de la materia es un paso obligado para todo ser que desee evolucionar plenamente. Sin embargo, ¿qué hacemos nosotros en el día a día?, ¿qué hacemos en nuestra vida cotidiana? Generalmente, nos esforzamos todo lo que podemos en realizarnos materialmente, en función de parámetros que la mayor parte de las veces sólo tienen una relación muy lejana con algún tipo de espiritualidad... por lo tanto, con los fundamentos esenciales preconizados por los Seres de Luz.

De ahí la necesidad acuciante, para escapar de las angustias de una materialidad de efectos cada vez más perversos y perecederos, de volver a centrarnos más que nunca en esta parte de Luz que está en nosotros y darle por fin la posibilidad de afirmarse sin ninguna constricción material.

De esta manera, en contrapunto con las agresiones de la materia, se puede poner en marcha a través de la Luz un verdadero «proceso de purificación» que, a la larga, permitirá a cada uno reencontrar su centro, sus bases y sus valores más íntimos. Por consiguiente, la materia se situará, lógicamente, en un lugar secundario en las preocupaciones humanas, que, a partir de entonces, darán prioridad a las aspiraciones espirituales propias del universo de la Luz.

Esta nueva orientación hará posible la continuación de una trayectoria humana que ya no se tambalee por los imperativos e imposiciones de la materia, sino el progreso de un individuo que acepte por fin su estado como Ser de Luz guiado por su propia Luz interior.

El futuro del hombre

Durante mucho tiempo se ha hablado del futuro del hombre en este planeta como de una evidencia. Se han formulado muchas preguntas sobre lo que este podría ser, y sobre qué formas adoptarían uno u otro aspecto de la vida cotidiana.

Por desgracia, ya no es este el tema importante. El tema, hoy en día, por todas las razones negativas a las que nos hemos referido en las páginas anteriores, es saber si va a haber o no un futuro para nosotros en la Tierra.

Por encima de las grandes frases justificativas y de los discursos políticamente correctos, ese es el gran interrogante hoy día. Es en esa cuestión donde sin vuelta atrás posible se debe efectuar una elección: continuar por este camino de autodestrucción que no permite prever nada bueno a corto plazo, o bien cambiar el rumbo y adoptar todas las disposiciones necesarias para que nuestra humanidad pueda perpetuarse en un mundo viable para todos.

Una elección draconiana, si cabe, pero es que está en juego nuestra supervivencia y también la de todos los humanos en el planeta. Porque sería una nueva debilidad consolarse pensando que no nos afecta personalmente, o una tontería decir que el resto de la humanidad no es nuestro problema.

Seamos claros: en este mundo material en el que vivimos, aquí y ahora, todo es problema de todo el mundo. Las interacciones y las ramificaciones son infinitas, pero todas unen inevitablemente entre ellas todas las formas de vida.

Esto no quita que la opción inicial —continuar así o cambiar el curso de las cosas— corresponde en primer lugar a cada individuo, en la trayectoria personal que va cumpliendo con el paso de los días. Es aquí, en el espíritu de cada uno, en lo más profundo de su alma, donde se decide la suerte de toda la humanidad.

La apertura a la espiritualidad

Los Seres de Luz nos lo dicen y nos lo repiten continuamente: no hay salvación, no hay evolución posible para el ser humano, en este planeta o fuera de él, en esta dimensión o en las otras, fuera de la espiritualidad.

Para convencerse de ello, sólo hay que mirar a nuestro alrededor y ver qué camino nos señalan las trayectorias vinculadas únicamente a la materia. ¡Los hechos hablan por sí solos!

El paso por la materia es sin duda importante, y todos sabemos encontrar en ella algo para crecer y estructurarnos —al fin y al cabo, según las teorías de la reencarnación, hemos sido nosotros quienes hemos «elegido» venir a este mundo material—, pero tenemos que reconocer que no puede constituir un fin en sí mismo. En todos los casos no deja de ser una etapa en nuestro camino hacia la realización plena y entera, hacia esta Luz de la que sus mensajeros espirituales nos hablan con tanta paciencia como apremiante insistencia.

Ahora bien, ya hemos visto que no hay ninguna imposibilidad, de ningún tipo, por grande que sea, que pueda estar al nivel del individuo..., porque cada persona —cada mujer, cada hombre, cada niño, cada forma de vida— lleva en sí misma una parte de Luz y está unida desde siempre con la fuente luminosa de todo lo que existe.

Esto significa que, en realidad, la elección ya está hecha, y que está en cada uno de nosotros, aunque sea en estado latente. No espera otra cosa que ser activada por el despertar de nuestra consciencia.

De modo que, en definitiva, todo es mucho más sencillo de lo que parece. Tal como nos indican los Seres de Luz, sólo hay que buscar las respuestas en el interior, y no en el exterior de uno mismo.

Para hacerlo, contrariamente a lo que afirman algunos con un simplista aplomo que da escalofríos, no hay ninguna receta o método especial, ni tampoco ninguna técnica específica que pueda ser enseñada por algún gurú salvador.

El único camino, la única vía para llegar a la Luz es abrirse a la espiritualidad: dejar que esta parte de Luz que cada uno de nosotros lleva en lo más profundo de sí mismo emerja y se imponga, para que al principio compense la parte de materialidad del hombre, y luego, poco a poco, la adelante y finalmente la sustituya. Es este el único camino para que el ser humano, al descubrir en sí una consciencia nueva, pueda cambiar su vida y, por consiguiente, el mundo en el que vive, haciéndolo viable.

Todos somos Seres de Luz

A pesar de las aberraciones de esta civilización en la que vivimos, de los monumentales errores que se cometen todos los días, de las decisiones más que arriesgadas que se toman por razones oscuras y a sabiendas de la gravedad de sus consecuencias, a pesar de lo que el hombre diga, y la mayor parte de las veces incluso sin saberlo, este conserva la iniciativa.

En todos los niveles, en todas las circunstancias, en todos los peldaños de todas las jerarquías, y a pesar del poder creciente de las máquinas «inteligentes», más allá de los mecanismos extraordinariamente sofisticados de simulación y control, el ser humano todavía tiene, en casi todos los casos, la última palabra.

Esto quiere decir simplemente que trabajando en el hombre todo se puede invertir... y se puede evitar el caos.

No olvidemos lo que nos dicen al respecto los Seres de Luz: que todas las respuestas están en nosotros mismos, que el espíritu es superior a la materia y la dirige, y, sobre todo, que por más lejos que se remonten nuestros orígenes, todos somos Seres de Luz.

A partir del momento en que se adquiere consciencia, cuanto más se avanza en el camino, más se convierte en un ser luminoso que irradia Luz, y se descubre muy rápidamente que en la profundidad del ser todos somos semejantes y compartimos la misma realidad, aunque sigamos caminos diferentes, con cosas distintas por vivir y para aportar a los demás.

La otra verdad esencial es que el lugar que ocupa el hombre es el que él se da, y no el que le es dado por un sistema o una sociedad. Si esperamos que otro nos designe y nos entregue nuestro lugar, siempre tendremos el segundo lugar; dicho de otra forma, no hay que esperar nunca el reconocimiento de los demás para concederse a uno mismo un lugar; no es un asunto entre uno mismo y los demás, sino en el interior de nosotros mismos.

El compromiso para cambiar, para volver a la fuente original, para volver a centrarse en los valores fundamentales tiene que ser personal: es un compromiso con esta parte de nuestro ser, revelada por los Seres de Luz, que ya es luminosa; y esto se debe concretar dejando cada día en nosotros —porque es allí en donde todo se decide— más espacio a la Luz.

Esta Luz que brilla en el fondo de nosotros, aun cuando todavía es poco perceptible, es la parte eterna de nuestro ser. Pese a las apariencias, los imperativos y las presiones del mundo en el que vivimos, ella es lo que nos permite existir, avanzar, mostrar a quienes nos rodean que hay algo más que los sufrimientos y las constricciones de la materia.

Reconocerse y admitirse como Ser de Luz es abrirse profundamente a uno mismo, y también a los demás, ir hacia ellos para ofrecerles esta Luz de la que se es portador:

> Ser un Ser de Luz no es complicado, no es inaccesible, no es para hacerlo más tarde. Lo más difícil es ser siempre un Ser de Luz. Cuando os abrís en vuestro corazón, cuando algo sale de vosotros para ser compartido con los demás, entonces, naturalmente, sois un Ser de Luz[12].

Esto significa que cualquier persona, por poco que acepte su cualidad de Ser de Luz, está condenada a seguir creciendo más y más, a desarrollarse y a enriquecer esta parte de Luz que está en él. Para hacerlo tendrá que evolucionar hacia otras esferas de consciencia, aprender a superar los límites de la materia para dar libre curso a su naturaleza luminosa en otros campos de expresión. Entonces, a medida que la parte luminosa aumente en él, tendrá más habilidad para pasar de lo material a lo inmaterial, para acceder a los estados de consciencia superiores, para despegarse de su cuerpo físico a fin de centrarse en su naturaleza profundamente luminosa.

Sin embargo, siempre quedará en el aire la duda sobre el futuro de la humanidad que puebla la Tierra.

¿Cuál es el futuro de la humanidad?

¿Qué se puede decir, en definitiva, de este mundo de hoy, que es el nuestro? ¿Qué podemos pensar, objetivamente, del resultado de nuestra actuación?

---

12. J.-L. Abrassart, *Opus cit.*

Se podrá encontrar todo tipo de explicaciones y matizaciones, buenos motivos para mirar a otro lado y desmarcarse de lo que se ve, pero esto no evita que el juicio de la constatación sea inapelable.

Lo menos que se puede decir de este mundo es que no está habitado sólo por la Luz, sino principalmente por fuerzas que tienden a apagarla y a frenar sus efectos benéficos.

La humanidad tiene, actualmente, dificultades para despertarse a la consciencia de la Luz, de la armonía, del equilibrio y de la paz. La compasión no es del estilo de las multinacionales y en los grandes grupos petroleros, ni siquiera de los círculos políticos y económicos. Y tampoco se lleva entre los grupos de presión que forman los laboratorios farmacéuticos, que aun aumentando sus beneficios dejan morir conscientemente a millones de seres humanos. Y no olvidemos a las industrias de armamento y a las tabacaleras, para las cuales la muerte programada de centenares de millones de personas constituye una suculenta oportunidad económica.

Este es nuestro mundo. Un mundo en el que se olvidan los ritmos naturales, en el que se come cualquier cosa de cualquier manera, en el que se duerme mal, en el que para sobrevivir casi hay que ser un mutante adaptado a la contaminación ambiental, en el que los seres se cruzan pero no se ven y no se hablan, hasta el punto de que ya no saben quiénes son. Un mundo que desprecia las reglas del equilibrio y maltrata tanto a la naturaleza que esta se revela cada vez con más frecuencia. En resumen, un mundo que se oscurece y se deshumaniza.

Sin embargo, dentro de esta inmensa confusión de acciones y sentimientos, en este caos de carreras desenfrenadas hacia un futuro destructor, queda una esperanza, una llama para guiar a los que todavía quieren ser guiados y no han renunciado a construir un mundo mejor.

Esta esperanza nos viene hoy día, naturalmente, de los Seres de Luz. Esta llama que nos muestra el camino a modo de faro que se erige sobre las ruinas de una civilización que se acaba es la de la Luz de la que cada unos de nosotros somos portadores.

Esta es la única posibilidad que le queda a la humanidad de perpetuar la vida en este planeta. Es una posibilidad que se basa en la confianza, en la fe, en el amor por las personas permanentemente reafirmado en lo más hondo de cada uno de nosotros. Estos son los argumentos que pueden detener a las fuerzas destructoras.

Es verdad que habrá que acabar con los excesos del ayer, pagar el precio de esta arrogancia sin límite que ha asolado los continentes, los pueblos, las especies e instaurado las reglas de la más clamorosa inhumanidad… aunque, sin duda, la factura seguramente será alta. Parece, en efecto que una gran parte de nuestra sociedad está condenada a desaparecer, y que un gran número de seres se verá obligado a cambiar su forma de vida. Necesariamente, los límites de ese mundo tendrán que ser eliminados, a todos los niveles, para posteriormente volver a ser redefinidos. Solamente pagando este alto precio quizá nuestro mundo pueda tener alguna posibilidad de sobrevivir y esperar un nuevo mañana.

En realidad, si el hombre quiere tener un futuro en el planeta sólo depende de él, pero en cualquier caso deberá ser un futuro diferente. Porque el viejo mundo, el que hemos conocido hasta el día de hoy, está en declive, condenado irremediablemente por la locura de los hombres. Mirando a nuestro alrededor, es fácil darse cuenta de que no se puede esperar nada de las transformaciones exteriores: todo está dicho, todo está hecho. Ya nada puede detener la máquina que el ser humano, como aprendiz de brujo, ha puesto en marcha.

Puesto que el exterior es intocable, imposible de cambiar, la única solución sólo puede llegar del interior del hombre, justamente de donde dormita la Luz. En definitiva, es de justicia porque es allí donde finalmente todo se decide.

Todos los Seres de Luz —los que nos guían a todos— son testigos de la presencia de la Luz y, a la vez, de esta necesidad acuciante de experimentar una evolución interior, una transformación de todos los seres humanos. Del mismo modo que nos vamos a transformar desde el interior, reconociendo y aceptando la parte de Luz que está en nosotros, el mundo también podrá transformarse desde el interior, poco a poco, gracias a la aportación al tronco común de la energía procedente de cada transformación individual, de manera que se alimente una fascinante reacción en cadena.

Acabar con el mito del futuro

Antes del gran cambio, de la llegada de un nuevo amanecer para aquellos que lo deseen de verdad, queda todavía un aspecto que precisar. O, más bien, una última ambigüedad por aclarar, que se resume en una sencilla palabra: futuro.

El futuro que esperamos, el que nos prometen, el que las tecnologías modernas nos dejan entrever virtualmente, ese futuro hacia el que todo ser sumergido en el presente mira con esperanza. El futuro, en definitiva, como una promesa de vida equilibrada, más hermosa y más rica.

Pero este es todavía, pese a las apariencias, sólo un espejismo, un viejo truco pasado de moda pero que todavía funciona y, para ser claros, quizá el mayor timo intelectual de todos los tiempos. Nos seducen, nos hacen salivar, captan nuestro interés y nos motivan con una sola palabra —futuro—, pero en definitiva no hay nada detrás: ¡el futuro no existe!

El pasado existe, y nos podemos volver hacia él para contemplar cómo lo hemos vivido; y también el presente que estamos viviendo; pero aquí se acaba todo. Todo lo que podría estar más allá del límite del presente es potencial, virtual, no tiene ninguna consistencia, no se basa en ninguna realidad: ¡el futuro no existe!

Y eso, por la sencilla razón de que no hay más que presentes que se encadenan unos a otros, para formar lo que rápidamente se convierte en pasado. No hay nada más.

Ciertamente se puede esperar, programar, preparar, organizar para lo que va a venir, pero ni nada ni nadie nos asegura que todo va a continuar y no va a detenerse en el instante que está a punto de llegar, que la vida colectiva no va a interrumpirse de pronto, como vemos que ocurre todos los días cuando una trayectoria humana llega a su fin.

Creer en el futuro es, desde siempre, propio del hombre. En ello encuentra un alivio y la fuerza para luchar por su vida cotidiana con el deseo de perpetuar las condiciones de su existencia. Pero, formalmente, si nos limitamos a lo esencial y a la realidad más concreta de la vida humana, la noción de futuro no es más que una abstracción del espíritu.

Esta conclusión, vista a modo de aclaración, resulta todavía más esencial porque nos conduce en línea recta a todo lo que hemos dicho anteriormente, tanto sobre los Seres de Luz como sobre la parte luminosa que anida en todas las personas.

Si los conceptos *porvenir* o *futuro* son solamente visiones y elucubraciones del espíritu, y el pasado está ya inevitablemente superado, lo evidente es, entonces, que todo se decide en el presente, lo cual transmite a cada ser la responsabilidad de su propio crecimiento inmediato, tanto en lo relativo al pensamiento como a los actos más cotidianos: si el futuro no existe, si la vida no es más que una sucesión de presentes, entonces todo depende, en cada trayectoria humana, del impulso que se le da en cada instante de su existencia. Es así de sencillo y cargado de sentido.

En otras palabras, todo Ser de Luz puede contribuir, durante los instantes que dura su vida, tan sólo con la afirmación de la parte de Luz que hay en él —y con el apoyo de los guías y los Seres de Luz que están dedicados a él—, a que emerja una realidad mucho más fuerte y enriquecedora que la que imponen las fuerzas exteriores que cuentan con las potencialidades de un futuro hipotéticamente rentable.

Es aquí donde la Luz del presente se impone con fuerza, apareciendo en lugar del mito de un futuro que nunca ha dejado de ser virtual.

ANEXOS

Conclusión

Para quien tiene consciencia de su calidad como Ser de Luz, concluir no tiene sentido: al contrario, es precisamente ahora cuando todo comienza.

Todo está pendiente de revisar, de reconsiderar, de ser entendido desde el punto de vista de esta Luz que da otra profundidad a los seres y a las cosas.

Y por otra parte ¿cómo se podría hablar de «fin» cuando se está inmerso en la Luz, que por definición no tiene límites?

Sin embargo, en el plano material es necesario concluir esta obra. Antes, quizá, de leer otra que pueda llevar a cada uno más lejos en la búsqueda de sí mismo.

Llegados a este punto, una cosa es indiscutible: nadie sale indemne de su encuentro con los Seres de Luz. Su presencia, su generosidad, su abnegación, su talento como guías insuperables no puede dejar a nadie indiferente; su acción sólo puede llevarnos hacia delante en nuestro camino.

Los Seres de Luz son, en todo momento, valiosos acompañantes, pero sobre todo son reveladores en tanto que contribuyen a despertar esta parte de Luz que ya se encuentra en nosotros.

Es evidente que los Seres de Luz tienen una misión. Ellos, con su presencia, vuelven a dar sentido a nuestra existencia, nos reconducen a esa humanidad profunda que, lejos de las exigencias y las obligaciones de la materia, dibuja nuestra vía en este mundo. Porque es de esto de lo que se trata, de volver a encontrar una razón para vivir, para entender qué hacemos aquí y para saber qué papel nos corresponde en este mundo de materia, en este planeta.

Pero lo más fascinante de su contacto con nosotros es enseñarnos que también somos, al igual que ellos, seres luminosos, que también tenemos una misión en nuestra trayectoria material diaria, a pesar de que evolucionamos en planos diferentes.

Tener consciencia de la profunda realidad de lo que somos: este es el gran regalo que nos hacen los Seres de Luz, que nos muestran que, más allá de los deseos de la materialidad inmediata —aunque sin negarla— la espiritualidad más depurada puede guiar nuestro camino.

Estos Seres de Luz iluminan y acompañan nuestros pasos. Ahora somos nosotros quienes tenemos que mostrarnos dignos de esta Luz que está en nosotros, y realizar serenamente lo que tiene que ser hecho para que el hombre siga siendo un *portador de Luz*.

Bibliografía

ABRASSART, Jean-Louis: *Paroles de lumière,* Guy Trédaniel Éditeur, 1998.

BAUDOUIN, Bernard: *Le bouddhisme, une école de sagesse,* Editorial De Vecchi, 1995.

GALIANA ARANO, Helena: *Los ángeles, seres de luz,* Susaeta Ediciones, S. A., 2002.

GIOVETTI, Paola: *Ángeles, mensajeros celestiales, custodios del hombre, seres de luz,* Alba Editorial, S. L., 1995.

ROJAS VILCHES, Matilde: *Mi consoladora experiencia con los seres de luz,* 1996.

SCHNEIDER, Petra; PIERROT, Gerhard K.: *Los ángeles nos acompañan: la ayuda espiritual de los seres de luz,* Editorial Edaf, S. A., 2007.

Del mismo autor:
Curso de escritura automática, Editorial De Vecchi, 1994.
El gran libro de los Dalai Lamas, Editorial De Vecchi, 2005.
La mort dévoilée, Editorial De Vecchi, 2004.
Las claves de la intuición, Editorial De Vecchi, 2006.
Pour ne plus avoir peur de la mort, Éditions Ramsay, 2001.

www.ingramcontent.com/pod-product-compliance
Lightning Source LLC
LaVergne TN
LVHW051748080426
835511LV00018B/3261